Voici votre code d'accès :

9PG2MQ43

W0223449

Allez sur **www.votreprofilde.com**

> Cliquez sur **Votre profil de formateur**.
> Saisissez votre code d'accès dans le champ prévu à cet effet.
> Laissez-vous guider !

e

Groupe Eyrolles
61, bd Saint-Germain
75240 Paris Cedex 05

www.editions-eyrolles.com

Dans la même collection

Véronique Bédu, Véronique Boussac, Christine Monerris, *Votre profil d'orateur*

Éric Faure-Geors, Marie Granger, *Votre profil de communicateur*

Daniel Bellahsen, Marie Granger, *Votre profil d'entrepreneur*

Richard Bourrelly, *Votre profil de négociateur*

Patrick Collignon et Jean-Louis Prata, *Votre profil face au stress*

ISBN : 978-2-212-55486-1

Véronique BÉDU

Votre profil de formateur

Soyez efficace et captivant quel que soit votre style

**Collection « Votre profil de »
dirigée par Éric Faure-Geors**

EYROLLES

Sommaire

Le livre interactif : mode d'emploi VII

Préambule IX

Partie I – Votre profil de formateur 1

1. Profil « Professeur », *le plus pertinent !* 3
2. Profil « Praticien », *le plus prosaïque !* 17
3. Profil « Animateur », *le plus entraînant !* 33
4. Profil « Théoricien », *le plus décoiffant !* 49

Partie 2 – Améliorez vos formations 65

5. Le profil « Professeur », *gagnez en proximité* 67
6. Le profil « Praticien », *gagnez en hauteur de vue* ... 79
7. Le profil « Animateur », *gagnez en rigueur* 87
8. Le profil « Théoricien », *gagnez en réalisme* 97
9. Pour tous les profils, *les incontournables* 105

Remerciements 117

Bibliographie 119

Le livre interactif : mode d'emploi

Cet ouvrage a pour objectif de recenser les méthodologies et comportements efficaces pour exercer le métier de formateur. Mais pas seulement... Il a aussi et avant tout une vocation : partir de vous, de votre vision de votre métier, de votre façon de l'exercer actuellement.

Ainsi, nous vous proposons de partir du spécifique, vous, pour aller vers le général, la formation : plus que des recettes toutes faites, c'est donc bien d'un coaching personnalisé qu'il est question ici.

Dans un premier temps, rendez-vous sur le site www.votreprofilde.com et remplissez votre profil de formateur à l'aide de votre code personnel. Votre résultat est disponible immédiatement, sous format PDF, imprimable à partir de n'importe quel ordinateur. Il vous parviendra sur l'adresse Internet que vous aurez renseignée avant de commencer.

Imprimez votre profil et entamez votre lecture.

Dans la première partie de cet ouvrage, vous allez trouver le descriptif complet de votre profil de formateur, ce qu'il dit de vous, en relief et en creux, dans votre exercice du métier de formateur. Nous ne parlons ici ni de personnalité ni d'expertise professionnelle.

Si votre profil est « marqué » (si une seule des quatre typologies vous correspond vraiment), ne lisez que la partie qui vous concerne. Vous la trouverez facilement grâce au code couleur qui lui est associé dans le livre. Bien sûr, les informations fournies sont à mesurer au prisme de vos résultats, plus votre profil est marqué, plus vous vous retrouverez dans sa description. Pour un décryptage plus fin, lisez ensuite le complément concernant « votre second score », à la fin de chaque profil de la première partie.

Si vous avez obtenu des scores très proches sur deux typologies différentes, lisez les deux chapitres qui vous concernent pour obtenir une vue d'ensemble.

Vous pouvez bien sûr lire systématiquement les spécificités des quatre profils proposés, pour mieux comprendre le mode de fonctionnement d'autres formateurs de votre entourage !

Dans la seconde partie, nous vous proposons des méthodologies pour améliorer votre pratique, par rapport à votre profil, et des conseils pour éviter les « chausse-trapes » inhérents à votre style de formateur.

Selon votre typologie, vous trouverez ainsi pour chaque étape de la gestion d'une formation :

- un rappel de bonnes pratiques ;
- des conseils pour vous améliorer ;
- des process pour développer vos compétences.

Le métier de formateur peut s'exercer à différents niveaux. C'est pourquoi vous pouvez ne pas être concerné par la préparation ou le suivi de la formation. Cette seconde partie a donc été conçue pour être utilisable de manière autonome, chapitre par chapitre. À vous de décider si vous souhaitez renforcer uniquement des compétences dans des domaines très précis ou si vous préférez lire cet ouvrage dans son intégralité et obtenir ainsi une vision complète de vos points de progrès.

Enfin, vous trouverez en fin d'ouvrage un chapitre reprenant, globalement, les incontournables de la formation, afin de vous donner un maximum d'informations si vous démarrez dans ce métier.

Dans tous les cas, bonne lecture, et bonnes formations à venir !

Préambule

La formation pour adultes versus la formation scolaire

La formation est un enjeu majeur, aussi bien dans le domaine scolaire que dans le domaine professionnel. Dès son plus jeune âge, Il est indispensable d'intégrer à l'école des connaissances et comportements qui vont ouvrir l'accès au monde du travail, et permettre l'épanouissement social et professionnel. Plus tard, au sein de l'entreprise, il faudra faire évoluer ces connaissances et comportements pour se tenir au courant des dernières innovations, obtenir une promotion ou modifier son parcours.

Ce parallèle dans les besoins de formation enfants/adultes a conduit naturellement à une similitude dans les modes d'acquisition des connaissances et/ou comportements. Or, si l'école propose encore aujourd'hui une pédagogie « passive », dans laquelle les rôles « enseignant » et « élève » sont bien ancrés, l'entreprise recherche de plus en plus une pédagogie « active », permettant une implication complète de ses salariés et une mise en pratique rapide et efficace. Il a donc fallu repenser peu à peu tous les process pédagogiques pour arriver à cette pédagogie « active », adaptée à l'environnement dans lequel elle s'exerce aujourd'hui.

Pour répondre à ce besoin, le formateur doit avoir quatre constats présents à l'esprit :

- l'apprenant est adulte et véhicule avec lui ses expériences, sa vision et ses propres attentes, qui peuvent être différentes de celles de son entreprise ;

- l'apprenant a été enfant et garde généralement à l'esprit le souvenir (plus ou moins heureux) d'une pédagogie « passive », ne laissant que peu de place à l'interaction et à la créativité ;
- l'apprenant vit au quotidien une réalité, quel que soit son métier, très différente d'une entreprise à l'autre. Contrairement à l'enseignant, dont la mission est de partager des éléments théoriques sur un sujet donné, le formateur doit les adapter aux pratiques rencontrées sur le terrain ;
- l'apprenant a lui-même son propre mode de fonctionnement, qui peut différer grandement du vôtre et va vous demander de faire preuve en permanence d'adaptabilité face à votre groupe.

C'est donc fort de ces constats que nous vous proposons d'adapter à votre profil de formateur des méthodologies éprouvées pour faire face aux situations que vous êtes amené à rencontrer au quotidien.

Formateur aujourd'hui, qu'est-ce que cela veut dire ?

Comme nous venons de le voir, être formateur aujourd'hui, c'est aider à développer des compétences/comportements. C'est aussi utiliser des méthodes pédagogiques actives, adaptées à l'adulte et à ses besoins. C'est enfin motiver, accompagner et conseiller des apprenants pour les amener à une mise en pratique efficace et confortable. L'enjeu est donc aussi de passer des messages adaptés à son public, quel qu'il soit.

Partons maintenant d'un constat souvent énoncé, pas toujours explicité : « La carte n'est pas le territoire », notre vision du monde n'est pas le monde. D'où notre conviction : pour se donner les moyens de comprendre le monde de l'autre et s'y adapter, définissons d'abord le nôtre. Le descriptif objectif de votre typologie va vous apporter le recul nécessaire pour mieux comprendre votre propre fonctionnement, et, par-delà, celui des autres.

Différents types de formateurs se côtoient aujourd'hui dans l'entreprise :

- le formateur consultant, indépendant ou intervenant au sein d'un cabinet extérieur. La formation est habituellement son activité à plein temps, mais il peut la mettre en pratique en complément d'autres activités de consulting ou de coaching ;

- le formateur interne. Intervenant à temps plein dans l'entreprise, il est généralement spécialisé dans le domaine d'activité où il exerçait précédemment ;
- le formateur occasionnel. Il a pour mission de renforcer les actions de formation de l'entreprise, soit en assurant tout ou partie des formations initiales, pour les nouveaux arrivants, soit en soutien des équipes de formateurs internes lorsque les volumes le nécessitent.

Ce livre s'adresse à l'ensemble de ces intervenants, avec l'ambition de leur apporter des pistes de progression adaptées, quels que soient leur expérience professionnelle, leur domaine d'intervention... et leur profil !

Partie I

Votre profil de formateur

1

Profil « Professeur », *le plus pertinent !*

Ce qui vous caractérise

Votre mot-clé : CONNAISSANCES

Votre posture : LA DÉMONSTRATION

Pour vous, former veut dire transmettre des informations sur un sujet donné à un public donné. Vous êtes là pour apporter vos connaissances sur ce sujet, afin d'enrichir théoriquement vos stagiaires et leur donner les moyens de comprendre de quoi il retourne.

Les stagiaires conquis disent de vous que vous êtes : compétent dans votre domaine, éclairant, cultivé, complet dans vos explications, factuel. Vous êtes décrit comme une personne qui explique, fournit de la matière, enrichit la matière grise de ses participants, fait avancer significativement son groupe dans le domaine de la connaissance.

D'autres diront peut-être, a contrario, *que vous avancez vite sans vous préoccuper de l'assimilation, ou que vos formations manquent d'entraînement pratique, sont rébarbatives et trop techniques.*

Dans tous les cas, personne ne sera insensible à votre socle de connaissances et à votre façon de le partager avec votre public. Vous êtes un formateur « traditionnel », vous mettez bien la frontière entre le « professeur » et ses apprenants. Vous avez le savoir, ils doivent l'acquérir, c'est ce qui vous réunit dans cette salle. Avec vous, on entend les mouches voler, tout le monde prend des notes pour ne pas perdre le fil car votre besoin de transmettre des informations complètes vous amène à aller vite et à dérouler vos contenus en les enchaînant.

Échos de formation

Ce que les stagiaires disent de vous

« J'ai appris beaucoup de choses », « Il connaît son sujet », « C'était instructif », « Il fait appel à notre intelligence », « C'était très complet », « Je lui fais confiance », « Maintenant, j'ai envie de m'y mettre ! », « Il sait bien expliquer », « C'était très documenté », « On ne peut pas le prendre en défaut », « C'est une formation très structurée »

Ce qu'ils risquent de dire

« Il n'y a pas eu assez d'échanges », « J'aurais bien aimé pratiquer un peu », « Ça allait trop vite pour moi », J'ai eu l'impression de retourner à l'école », « J'ai besoin d'une aspirine ! », « C'est trop théorique »

Ce que vous dites de vos stagiaires

« Ils avaient envie d'apprendre », « Le groupe était très concentré », « Il y avait un bon niveau », « Les questions étaient intéressantes », « Ils ont suffisamment d'informations pour avancer », « Le programme correspondait à leurs besoins », « On a avancé vite »

Ce que vous risquez de dire

« Ils n'avaient pas le niveau », « On a perdu du temps en discussions oiseuses », « J'ai dû faire le gendarme toute la journée », « Ils n'ont pas compris », « C'était un groupe trop hétérogène »

Votre rapport au métier

Former, pour vous, c'est quoi ? Vos croyances sur ce métier

Votre responsabilité en formation, c'est d'être prêt et « équipé » pour transmettre. Le public a été sélectionné à l'avance, s'il est là, c'est qu'il est concerné et de fait attentif à vos propos. Les échanges se feront sur le fond, le quotidien de vos stagiaires n'est pas votre principale préoccupation, à eux de faire les liens, votre responsabilité est de leur fournir de la matière.

Vous voyez votre métier comme un professeur d'université. Par exemple : vous avez un temps limité pour passer un maximum d'informations sur un sujet, les stagiaires mettront en forme plus tard ; pour l'instant, il faut engranger de la connaissance.

Vous donnez la priorité aux connaissances à acquérir, et cela fait de vous un formateur généreux, ayant un sens élevé de l'importance de partager ce qui vous a été enseigné, d'aider l'autre à être plus « intelligent », à progresser sur un sujet donné.

Vous conditionnez la réussite d'une formation au fait que vos stagiaires repartent avec de nouvelles connaissances, mais aussi des règles, des process, des définitions, tout ce qui pourra leur donner des bases pour pratiquer ensuite sur le terrain. Cette posture fait de vous un formateur modeste, qui se met en retrait par rapport à ses contenus. Vous êtes attentif à être factuel, vous devez pouvoir démontrer tout ce que vous expliquez. Sinon, c'est de la conjecture et cela n'a pas sa place dans votre formation.

Les risques de votre style de formateur sont de deux niveaux :

- *concernant vos stagiaires, un fossé peut se creuser, soit que le sujet ne les intéresse pas tant que cela, et leur a été imposé, soit que leurs problématiques terrain les empêchent de prendre autant de recul que vous le souhaiteriez. Ils seront alors en attente d'une formation moins compacte ou plus concrète, que vous n'êtes pas prêt à leur donner ;*
- *vous concernant, votre souci de l'exactitude et votre besoin de communiquer un maximum d'informations peuvent donner de vous une image froide et lointaine et éclipser les compétences que vous mettez dans la transmission des connaissances. Nous vous le disions en préambule de cet ouvrage, les adultes ne gardent pas forcément un bon souvenir de leurs années scolaires, votre posture d'« enseignant » peut être un vrai frein à vos animations, si vous ne prenez pas le temps de faire des liens entre vos connaissances et leurs besoins.*

Pourquoi former ?

Votre blason ? UN LIVRE, symbole à la fois des connaissances et des possibilités de transmission. Vous faites ce métier car vous croyez profondément à l'importance de savoir de quoi on parle, de se donner les moyens de comprendre, d'analyser avant toute démarche productive.

Dans l'idéal, vos stagiaires ne doivent plus jamais avoir besoin de vous, car vous leur aurez donné toutes les informations en votre possession, avec des savoirs leur permettant de réfléchir par eux-mêmes.

Votre rapport aux autres

Qu'est-ce qu'un stagiaire ?

Votre réponse : UNE MÉMOIRE

Un participant est un être doué de raison, qui utilise son cerveau pour apprendre et comprendre. Vous êtes là pour l'aider dans cette démarche. Plus vous lui fournirez d'informations, plus il pourra en mémoriser, et donc en utiliser plus tard.

Votre position par rapport au groupe est souvent « +/– » : vous vous positionnez en sachant, et vos stagiaires en apprenants. Partant de ce principe, vous vous mettez à l'abri des débats et des échanges autres que factuels, centrés sur le sujet. Vous détenez la connaissance et n'êtes pas là pour la remettre en question ou l'adapter à une problématique donnée, vous êtes là pour la transmettre. Vos stagiaires font partie d'un groupe. C'est à ce groupe que vous vous adressez, et non à une somme d'individualités. Votre objectif est de les aider à en savoir plus. À cette fin, ils doivent vous écouter, CQFD.

Malheur au contestataire qui viendrait remettre en cause l'un des points que vous abordez : il a intérêt à bien maîtriser son sujet. Sinon vous pouvez être tranchant dans vos arguments et dans votre manière de les formuler ! Soyez conscient cependant que vous avez en face de vous des adultes qui se sont déjà confrontés à une expérience professionnelle et peuvent avoir un autre regard, même moins pertinent que vous sur un sujet. Les écouter vous donnera les clés pour les convaincre, et non pas les vaincre.

Les seuls individus qui peuvent sortir du lot sont ceux qui vont poser des questions pertinentes pour vous (donc factuelles), faire avancer le débat ou manifester de quelque manière que ce soit un besoin important d'apprendre et de comprendre. Vous serez alors très ouvert pour les « nourrir », leur fournir des informations supplémentaires, prendre du temps en fin de session pour répondre à leurs questions, car ils représentent l'image « idéale » du participant : quelqu'un qui veut en savoir plus.

Vous pouvez néanmoins vous positionner en « =/= » si vous êtes amené à intervenir devant un groupe de « sachants » pour développer une matière sur laquelle le niveau d'acquisition est déjà élevé. Dans ce cas, rassuré par le niveau de connaissances déjà acquises, vous allez être au top de vos compétences, logique, éloquent et complet dans votre partage d'informations.

Et l'adaptabilité dans tout ça ?

Soyons clair, ce n'est pas votre point fort, non par manque de qualité intrinsèque, mais par conviction : c'est au groupe de s'adapter à vous et non l'inverse.

Ils ne doivent pas compter sur vous pour une adaptabilité matérielle : vous avez validé en avance que tout était prêt, s'il y a des imprévus, ce n'est pas de votre fait et vous laisserez les autres les gérer. Peu de place aussi pour l'adaptabilité aux personnes : comme il a été vu précédemment, vous considérez que s'ils sont là, c'est qu'ils ont besoin de mieux connaître le sujet abordé. Partant de là, vous vous devez de leur apporter le socle de connaissances prévu. Le manque de cohérence avec leur quotidien n'est pas en cause, et de toute façon ce que vous pouvez leur dire sera forcément un « plus » pour eux à un moment ou un autre. Et nous ne parlons pas ici de prétention, mais plutôt de rigueur intellectuelle, de la conviction que le savoir permet de s'élever.

Vous serez cependant plus facilement enclin à vous adapter au niveau moyen du groupe, en termes de vitesse d'avancée, pour atteindre votre objectif qui reste de passer un maximum d'informations dans un temps donné, et que vos stagiaires s'en souviennent !

Stressé, vous ? Par qui ou par quoi ?

Pas de stressabilité matérielle pour vous, vous considérez que cela n'est pas de votre ressort, si vous avez fait ce qu'il fallait avant, et vous n'oubliez jamais de faire ce qu'il faut avant !

Votre stress, s'il intervient, aura principalement pour raison le manque d'implication ou de compréhension de vos stagiaires. Des questions jugées hors sujet, un groupe ayant une attitude indifférente voire potache, voilà de quoi remettre en question votre vision de la formation et modifier votre comportement. Selon le cas, soit vous vous refermerez sur vous-même, et prendrez de la distance avec le groupe, en vous contentant de dérouler des informations les unes après les autres, soit vous vous agacerez et deviendrez cinglant, créant un malaise certain dans l'assistance.

En cas de stress, votre attitude va dépendre de votre personnalité, bien sûr, mais aussi de votre vision de la situation. Utilisez vos compétences analytiques pour prendre la mesure des enjeux. La question est posée : est-il pire de « gâcher » du temps à répondre à des questions, même hors contexte, et à ramener l'attention dans la salle ou d'en dépenser à « dérouler » un cours devant un groupe définitivement perdu ?

Il est possible aussi que le niveau attendu ne soit pas au rendez-vous, créant ainsi un stress lié au déficit de savoir de votre groupe. Là encore, prévoyez toujours des déroulés à plusieurs niveaux, vous permettant de vous orienter vers une approche plus simple ou plus complexe d'une même situation. Cela vous aidera à passer d'un stress devant l'obstacle à une adaptation factuelle de vos contenus.

Votre rapport aux outils

Quels contenus ?

Votre devise : « ÇA TIENT LA ROUTE OU PAS ! »

Sans doute sommes-nous ici au cœur de vos compétences : vous préparez des contenus logiques, clairs, didactiques. L'objectif est de passer en revue l'ensemble du champ de connaissances d'un sujet donné. Vous allez méthodiquement aborder tout ce qui le compose : la définition, le cadre d'intervention, les lois ou règles en vigueur, les process à appliquer. Vous aurez prévu un déroulé cohérent, où « b » arrive bien après « a » et avant « c ». Pas de raccourcis ou d'options, tout concerne tout le monde, et vous ne voyez pas l'intérêt de remettre en cause l'existant, tant que rien de factuel ne le contredit. Ainsi, l'ensemble de vos stagiaires va disposer de la même information, ce qui est très confortable pour un commanditaire qui vous demanderait d'animer plusieurs sessions sur le même sujet.

Vous avez aussi réfléchi, au préalable, à la validation de vos contenus. Être clair et factuel n'est pas suffisant, vous pouvez les justifier par des exemples et des démonstrations implacables. De toute façon, si cela n'est pas démontrable, vous n'en faites pas état, il en va de votre intégrité, un partage de connaissances doit se faire sur des bases fiables et vérifiables.

Vous couvrez ainsi le sujet sous tous ses aspects, mais toujours sur un plan théorique, naturellement : la pratique, pour vous, c'est ce qui se passe sur le terrain, avant et après une formation, mais pas pendant...

Si vous avez prévu des exercices en cours de session, cela sera souvent sous forme d'évaluation des acquis, un QCM pour vérifier les connaissances par exemple.

Vos stagiaires ne sont pas tous faits pareil, et pas tous faits comme vous, le mode d'ancrage varie considérablement d'une personne à l'autre. Prévoyez régulièrement des exercices variés, pour créer cette alternance théorie/pratique indispensable à la compréhension de tous.

Votre logique vous amène à prévoir des contenus qui se déclinent par rapport au thème abordé, pas aux besoins du groupe. Au moment de la préparation, vous avez cerné l'objectif à atteindre, et vous vous employez à monter les marches une à une pour y arriver. D'où un risque de décalage, voire de décadrage dans certains cas. En revanche, si les besoins du groupe sont en adéquation avec le thème abordé, vous êtes assuré d'y répondre : vous avez redéfini l'objectif en indicateurs mesurables, et pouvez ainsi proposer une progression rigoureuse et chronologique de votre déroulé.

Votre préparation est toujours complète, non seulement pour maîtriser le sujet, mais aussi pour acquérir de la documentation qui sera la base du stage et du livret stagiaire.

Enfin, à chaque étape, vous ne manquez jamais de donner des exemples d'applications des nouveaux acquis, ce qui ouvre systématiquement le champ des possibles à vos stagiaires.

Quels documents ?

Vous avez mené des recherches approfondies, et disposez ainsi de l'ensemble des documents disponibles pour vos stagiaires. Vous les avez utilisés pour préparer un PowerPoint complet, didactique, qui sera la base du document que vous allez leur remettre après la formation. Vous avez aussi pensé à photocopier les documents complémentaires qui vous semblent indispensables pour fouiller le sujet, et qui sont à la disposition des stagiaires qui le souhaitent.

Pendant la formation, vous allez couramment utiliser le *paperboard* à votre disposition, pour faire des démonstrations visuelles de vos propos.

Votre rigueur dans la quête de l'information juste vous amène régulièrement à compléter vos documents pour fournir aux stagiaires une version toujours très à jour de vos contenus.

Si le sujet l'impose, vous aurez aussi avec vous vos sources, documents informatiques ou ouvrages papier à portée de la main. Vous prévoyez d'ailleurs une bibliographie à destination de vos stagiaires, que vous ajoutez à la fin de votre livret.

Votre rapport aux méthodologies

Théorie/pratique

Votre interpellation préférée : « VÉRIFIONS ! »

Votre posture est celle de la démonstration, c'est donc la théorie qui prédomine dans vos animations. Si vous avez le choix, vous en ferez votre stratégie pédagogique exclusive ! Vous privilégiez le mode « cause-conséquence » : s'appuyer sur des faits et les valider à chaque étape.

Votre salle est prévue à cet effet, l'objectif est que vos stagiaires vous voient et voient le *paperboard* ou l'écran. Vous instaurez d'entrée une distance en vous positionnant en recul par rapport à eux, ce qui vous rapproche sensiblement d'une salle de cours. Vous ne prévoyez pas ou peu d'espace pour que vos stagiaires bougent ou interagissent, c'est un objectif de concentration maximale qui dicte votre organisation pratique.

C'est certainement à ce niveau que vous avez le plus à gagner en efficacité : notre conseil, descendez dans l'arène, frottez-vous à vos stagiaires et à leur quotidien, prenez le temps de faire des liens avec leur vécu, pour donner de la consistance à votre démonstration. Vous qui avez un souci absolu d'efficacité, donnez-vous les moyens de rendre vos formations non seulement pertinentes et complètes, mais aussi utiles et applicables au quotidien.

Votre partie « pratique », si elle existe, va consister en échanges de personne à personne, sur le principe question/réponse, ou en exercice d'application que chaque stagiaire remplira individuellement.

Projection/interaction

Nous l'avons vu, l'interaction n'est pas votre tasse de thé. Vous allez travailler sur le mode projection, y compris dans le sens littéral du terme, en appuyant vos propos sur des écrits démonstratifs. Votre rigueur intellectuelle vous amène à la concentration sur les faits, et non pas sur les personnes. Vous donnez ainsi l'image d'un formateur sérieux, concentré voire austère.

Cette posture vous permet de garder un recul certain face à votre groupe et à ne pas vous laisser distraire par ce qui peut se passer dans la salle. *A contrario,* vous n'êtes pas sensible à l'ambiance et risquez de passer à côté d'une information communiquée par votre groupe telle que l'agitation due à la fatigue ou le désintérêt lié à un sujet trop éloigné de ses préoccupations.

Vous êtes dans une logique de postulat : s'ils sont venus pour apprendre ceci, cela doit forcément les intéresser. Cela vous amène à dérouler votre contenu de manière homogène, d'un groupe à l'autre en privilégiant systématiquement la démonstration à l'échange.

Le principal avantage de ce fonctionnement est qu'il vous épargne les tensions et la fatigue inhérentes à l'écoute et l'adaptation. Vous restez ainsi dissocié du groupe d'un bout à l'autre de votre animation. Aucun risque de vous voir sortir du sujet, faire des apartés ou vous laisser emporter dans un échange hors sujet. Le thème de la réunion forme le socle qui vous réunit et il reste au cœur de vos préoccupations pendant toute la durée de la formation.

Pratiquer l'interaction régulièrement vous donnera les moyens de valider la progression des acquis, mais aussi de reprendre un point de théorie mal assimilé ou de creuser un sujet qui intéresse particulièrement vos stagiaires. Ces « respirations » dans vos formations vous permettent ainsi d'ancrer vos propos dans l'esprit de vos interlocuteurs, en renforçant significativement la qualité de vos apports.

Votre rapport au temps

Mode passé, présent ou futur ?

Votre constat : « TOUT A ÉTÉ VU »

La constance dans l'enseignement est votre caractéristique. L'une de vos principales qualités de formateur, c'est votre aptitude à respecter un timing. Le temps prévu pour chaque séquence est tenu, et l'ensemble du programme est vu, sans avoir eu besoin de « zapper » un contenu. Vous devez à vos stagiaires l'exhaustivité de vos savoirs, ainsi que l'équité des contenus d'un groupe sur l'autre. C'est pourquoi les débats ou les échanges n'ont pas de place pendant vos cours : ils vous feraient perdre du temps.

Vous fonctionnez en référence *passé*, c'est à dire en vous appuyant sur des faits démontrés et expérimentés. Une fois que vous avez rodé une animation, vous répétez invariablement la même logique, pas question d'innovation ou de changement de méthodologie non justifiés, vous êtes pragmatique. Puisque cela fonctionne ainsi, on continue !

Vous animez néanmoins sur un mode « intensité », puisqu'il vous semble indispensable de délivrer un maximum d'informations sur un sujet donné à vos stagiaires. Vous allez donc enchaîner les apports les uns après les autres, au risque de perdre en cohérence ce que vous gagnez en vitesse. Vos stagiaires vont être dans la même situation que s'ils écoutaient la traduction d'un discours dans une langue étrangère : une minute d'inattention et on perd le fil.

N'hésitez pas à laisser des « blancs » de respiration régulièrement et pensez à regarder votre groupe pour valider au fur et à mesure que vous avez bien l'attention de chacun.

Mettez-vous à la place de vos stagiaires : ayez toujours présent à l'esprit qu'ils sont avec vous dans la salle, ici et maintenant, et qu'ils vont devoir appliquer demain ces nouveaux acquis, aidez-les à se projeter dans leur réalité.

Planification

Planifier, pour vous, cela commence bien avant la formation, pendant la phase de préparation : vous allez planifier les étapes, les séquences, et le timing va en découler naturellement. Planifier c'est aussi prévoir, les documents sont prêts à temps, les photocopies aussi, vous ne laissez rien au hasard.

Pendant la formation, vos stagiaires sont assurés de voir leur temps de pause respecté, et de partir à l'heure le soir. La formation aura commencé au moment prévu, tant pis pour les retardataires, vous respectez vos timings et attendez des autres qu'ils vous rendent la pareille.

Vos stagiaires apprécient ce côté organisé, sécurisant et preuve de professionnalisme. *A contrario,* toute modification de dernière minute vous contrarie, vous faites preuve d'une souplesse toute relative dans votre organisation et préférez reporter une session plutôt que de la voir se dérouler dans de mauvaises conditions.

Pour vous, la meilleure façon de faire preuve de souplesse dans votre timing est de prévoir en amont moins de matière, afin de gagner du temps pour la partie pratique. Vos compétences organisationnelles vous permettront sans problème de respecter vos horaires, même en donnant la parole à vos stagiaires ! Contrairement à l'enseignement, la formation ne répond pas à la question : « Qu'est-ce que je veux qu'ils sachent ? », mais : « Qu'est-ce que je veux qu'ils fassent ? ». Son but n'est pas de projeter des savoirs, mais de faire acquérir des savoir-faire. Donc, à choisir, il est préférable de transmettre moins de contenus, mais mieux maîtrisés.

La carte heuristique de votre profil

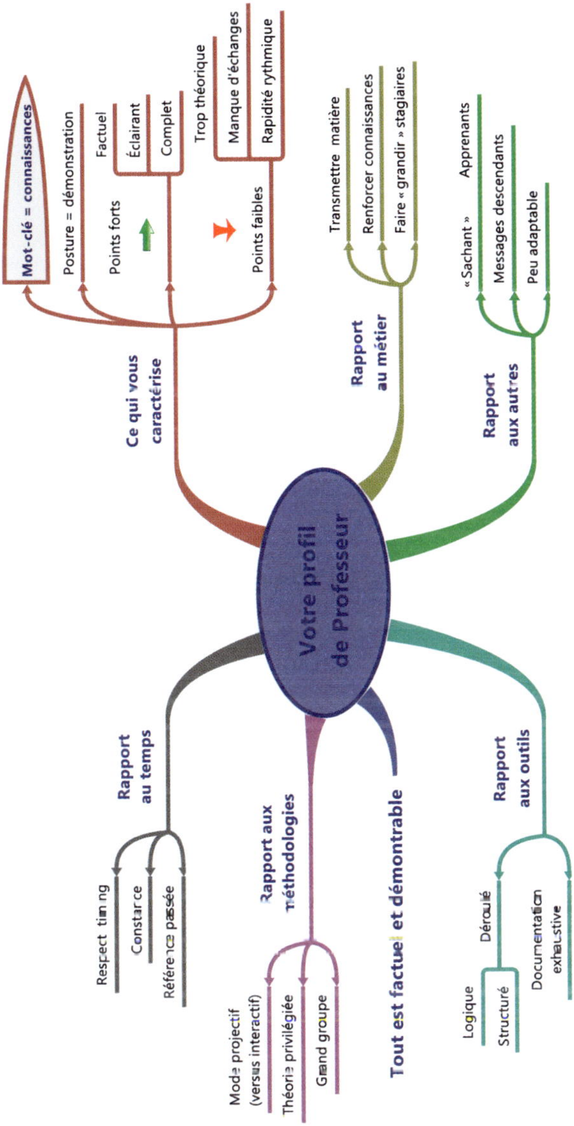

En résumé…

PROFESSEUR	Préparer une formation	Animer une formation	Assurer le suivi d'une formation
Compétences de base	★ ★ ★	★ ★ ★	★ ★ ★
Points forts	Préparation intense. Cerne l'objectif à atteindre. Trace les frontières du sujet. Construit un plan logique. Prépare un livret stagiaire complet. Prépare pour chaque thématique : définition, explication, applications. Réunit une documentation conséquente. Prévoit un timing raisonnable et tenable. Valide les aspects matériels.	Informations fournies exactes et validées. Respect des timings. Constance dans les contenus proposés.	A mis en place : • indicateurs de résultats • points de contrôle des actions. Livret stagiaire exhaustif. Bibliographie complète. Fait un point régulier avec le management, si besoin est.
À travailler	Exercices pratiques facilitant l'interaction.	Échanges avec les stagiaires. Exercices pratiques réguliers pour ponctuer la théorie. Adaptabilité aux personnes et aux circonstances.	Ajouter des exemples personnalisés aux livrets de formation des stagiaires. Accepter un échange personnalisé avec un stagiaire demandeur.
Angles morts	Connaissance et prise en compte des futurs stagiaires et de leurs problématiques concrètes.	Fédérer un groupe. Prise de conscience de l'ambiance.	Mémorisation des noms des stagiaires et d'anecdotes les concernant.

Si votre second score est

Praticien

Vous y gagnez

Une approche pragmatique, ce qui va vous donner les moyens d'allier la réflexion et la logique, au besoin de faire pratiquer et de mettre en action les acquis. Vos formations vont gagner en réalisme, et les participants auront l'occasion d'expérimenter, de mettre en œuvre, au fur et à mesure. Votre adaptabilité au groupe va être plus prégnante, l'enjeu est maintenant de transmettre des connaissances utilisables tout de suite dans le quotidien de vos stagiaires.

Dès la préparation, vous allez réfléchir aux exercices complétant à propos votre démonstration, et si vous en avez l'occasion, vous irez chercher les informations vous permettant de mieux connaître le contexte dans lequel évoluent vos futurs stagiaires.

Attention à...

Ne pas confondre adaptabilité pratique et adaptabilité à l'humain. Vos stagiaires ont des besoins, théoriques et pratiques, et vous allez les prendre en compte. Ils peuvent aussi avoir des envies, que vous risquez de négliger. La formation doit aussi être un lieu pour se ressourcer, souffler par rapport au quotidien. Certains de vos stagiaires peuvent être en demande d'échanges, entre eux ou avec vous, et pas seulement sur le sujet principal de votre animation. Pour d'autres, il vous faudra prendre le temps de donner du sens à vos contenus, car c'est la réponse au « pourquoi dois-je faire ceci ? » qui les mettra en mouvement.

Animateur

Vous y gagnez

Un meilleur relationnel avec vos stagiaires : notre conseil « descendez dans l'arène » vous a tout de suite parlé. Votre personnalité ou votre expérience de formateur vous permet de créer un lien concret avec les équipes que vous avez en charge en formation. Sans jamais vous laisser embarquer (votre sens de la rigueur reprend très vite le dessus !), vous savez prendre du temps pour des échanges, adapter vos contenus aux besoins exprimés par le groupe et faire progresser vos stagiaires en alternant harmonieusement théorie et pratique.

Cette ouverture au dialogue est un « plus » précieux pour susciter l'adhésion, l'envie d'avancer et de comprendre.

Attention à...

Être conscient de l'ambivalence de votre mode de fonctionnement. Vous risquez d'animer de façon saccadée, surtout sur des modules nouveaux, ou en cas de fatigue. Or, la rythmique d'une formation doit être harmonieuse et constante, chaque partie pratique doit être l'introduction ou la conséquence logique du contenu abordé. Des séquences successives, théorie/pratique, théorie/échanges..., sans cette harmonie, vont donner l'impression d'une animation artificielle, dans laquelle on essaie de « coller » diverses méthodologies.

Théoricien

Vous y gagnez

Un mode de fonctionnement alternant l'appui sur des théories éprouvées et l'ouverture à de nouvelles méthodologies de fonctionnement. Selon le sujet, vous allez ainsi présenter à vos stagiaires des faits concrets et démontrés, ou leur ouvrir l'esprit à de nouvelles possibilités d'expérimentation.

Vous allez aussi gagner en esprit de synthèse, ce qui vous donnera les moyens de prioriser, au sein d'un même module, les séquences qui demandent à être détaillées et celles dont vous pouvez présenter uniquement les grandes lignes. Ce mode de fonctionnement amène du souffle dans vos animations, en gommant l'aspect trop uniforme de vos démonstrations.

Attention à...

Garder les pieds sur terre ! Entre votre besoin de centrer vos formations sur leurs aspects théoriques et votre propension à vous laisser emporter par votre imagination, vous risquez de vous envoler en oubliant au passage vos stagiaires qui sont, eux, tous les jours, confrontés à une réalité pragmatique... Prenez le temps de les écouter, ménagez des temps d'échange entre eux et proposez-leur régulièrement des mises en pratique liées à leur activité propre, vous y gagnerez en clarté.

2

Profil « Praticien », *le plus prosaïque !*

Ce qui vous caractérise

Votre mot-clé : PROUVER

Votre posture : LA TRANSMISSION

Pour vous, former signifie faire faire, transmettre, donner l'exemple, se rendre utile. L'objectif est de travailler ensemble sur un sujet donné, pour améliorer ses compétences et ses performances. Vous êtes un formateur tourné vers l'accompagnement, la mise en pratique.

Les stagiaires conquis disent de vous que vous êtes : impliqué, concret, appliqué, humble, facilitant. Vous êtes décrit comme une personne qui se met à niveau, qui donne l'exemple, qui prend en compte le quotidien de chacun et part de la réalité pour avancer.

D'autres diront peut-être que vous êtes pointilleux, que vous manquez de recul, que vous entrez trop dans les détails ou bien que vous vous laissez arrêter par des contraintes sans importance.

Dans tous les cas, tout le monde sera d'accord pour dire que votre posture met à l'aise, facilite, que votre patience donne à chacun l'occasion de s'approprier les contenus et que vos stagiaires repartent toujours avec des éléments factuels et concrets. Vous êtes un formateur calme, à l'écoute, près de ses stagiaires, qui ne se positionne jamais en « sachant », mais toujours d'égal à égal avec eux.

Échos de formation

Ce que les stagiaires disent de vous

« Tout était bien préparé », « Il nous a mis tout de suite à l'aise », « C'était vraiment à notre portée », « Il connaît bien notre métier », « J'ai pu m'entraîner facilement », « Tout ce que nous avons vu va m'être utile », « Il sait nous motiver », « Il nous a mis en confiance »

Ce qu'ils risquent de dire

« Ça manquait d'ambiance », « On a passé un temps fou sur des détails », « J'aurais voulu plus de dynamisme », « Je n'ai pas eu l'occasion de prendre du recul »

Ce que vous dites de vos stagiaires

« Ils avaient envie de faire », « On a pu entrer dans le dur », « Tout était très bien organisé », « On a respecté le programme », « Ils vont pouvoir s'en servir tout de suite », « Leurs attentes étaient en rapport avec le programme »

Ce que vous risquez de dire

« Ils n'avaient pas envie de travailler », « Les conditions matérielles étaient déplorables », « Je n'ai pas pu répondre à toutes leurs attentes », « Les contenus ne collent pas assez avec leur quotidien »

Votre rapport au métier

Former, pour vous, c'est quoi ? Vos croyances sur ce métier

Vous voyez votre métier comme les compagnons du tour de France voient le leur : la formation, c'est de la transmission de savoir-faire, du travail sur des sujets factuels, des moyens de faire évoluer sa pratique professionnelle. À la fin d'un stage, chacun doit être capable d'intégrer les nouveaux acquis dans son quotidien. Et vous avez pu le vérifier en cours de route.

La mise en pratique est le cœur de votre action, vous êtes pragmatique, vous avez un sens inné du détail, vous allez au bout du bout dans vos explications pour être certain qu'elles ne resteront pas lettre morte et seront comprises, assimilées, digérées, utilisables et utilisées !

Vous donnez la priorité à la réalisation. Pour vous, le meilleur moyen d'acquérir un savoir est de le tester jusqu'au moment où il est facilement praticable dans l'environnement professionnel de l'apprenant. Vous êtes très méticuleux, et savez « saucissonner » en plusieurs étapes chaque nouvelle séquence, pour faire avancer votre groupe « pas à pas ».

Vous conditionnez la réussite de votre formation au fait que vos stagiaires ont tous pu s'entraîner, qu'ils ont compris et sont à l'aise dans ces nouvelles pratiques. De fait, vous n'acceptez jamais de former sur des sujets où vous ne seriez pas à l'aise vous-même, vous devez être capable de montrer l'exemple, c'est votre rôle. Si une formation ne marche pas, c'est que vous ne maîtrisiez pas assez le sujet où qu'il n'était pas assez concret pour vos participants.

Cette vision de votre métier fait de vous un formateur modeste, sécurisant, qui prend le temps. Vous dédramatisez. Avec vous, les choses paraissent plus faciles, elles sont déjà prédigérées quand vous les expliquez. Plus qu'à un groupe, vous vous adressez à des professionnels, que vous respectez dans leur travail. Votre mission est de compléter leurs acquis, de partir exactement de leurs besoins pour les aider à progresser.

Vous accordez beaucoup d'importance aux attentes de début de stage, elles vous sont indispensables pour valider l'adéquation de vos propos et de vos actions. Vous prendrez le temps qu'il faut pour convaincre chacun de l'intérêt du travail en commun par rapport à l'usage qui en sera fait individuellement demain, au quotidien.

Les risques, s'ils sont avérés, le sont à plusieurs niveaux :

- *au niveau de vos stagiaires, qui peuvent attendre d'une formation qu'elle soit aussi une pause dans leur quotidien, un moment pour prendre du recul et voir les choses autrement. Avec vous, pas de décadrage, on reste centré sur le vif du sujet. C'est toujours efficace, pas toujours « sexy »... Si votre groupe est hétérogène, vous aurez du mal à faire avancer tout le monde, vous aurez tendance à vous adosser à ceux qui ont le niveau le plus faible, ce qui est louable, mais risque de provoquer l'ennui, voire l'agacement de celui qui est plus avancé sur le sujet ;*
- *enfin, vous concernant, votre modestie risque de vous empêcher de vous dépasser et, de fait, de donner les*

moyens à vos stagiaires d'y arriver aussi. Le « lâcher-prise » est indispensable à un moment ou à un autre. Vous êtes un passeur, vous devez bousculer vos stagiaires et accepter de ne pas faire figure d'exemple tout le temps. Vos participants peuvent obtenir de meilleurs résultats que vous sur un sujet donné si vous les boostez, les motivez, cela fait partie de votre mission de formateur.

Pourquoi former ?

Votre blason : UN MODE D'EMPLOI

Former, c'est le moyen de progresser. Votre rôle est dans le registre de l'utile, de la méthode. Un contenu doit être rassurant, balisé pour être utilisable et concret.

La formation a pour objectif de transmettre des process, d'améliorer la compétence de chacun, et donc son efficacité. Vous aimez le travail bien fait et voulez partager ces valeurs avec vos stagiaires. Vous êtes convaincu que, tel un artisan, il faut remettre cent fois l'ouvrage sur le métier, et que c'est en s'appuyant sur des méthodes éprouvées que l'on peut réussir dans son travail.

Votre vision réaliste vous permet de prendre en compte les difficultés rencontrées au quotidien par vos stagiaires, ce dont ils vous sont reconnaissants. Vous ne vendez pas du rêve, mais vous dites ce que vous faites et vous faites... ce que vous dites. Vos stagiaires savent qu'ils peuvent vous faire confiance : ce qu'ils vont apprendre à pratiquer leur sera vraiment utile, ils n'auront jamais l'impression de perdre leur temps.

Loin de vous les théories fumeuses et les belles envolées, vos participants comptent sur vous pour améliorer leur savoir-faire. Dans le temps qui vous est imparti, vous allez les nourrir avec des outils éprouvés, car vous croyez beaucoup à l'expérience. Aucun intérêt à tout bousculer tout le temps, autant s'appuyer sur des choses qui ont fait leurs preuves, on ne pourra jamais vous reprocher d'avoir utilisé votre salle de formation comme un laboratoire d'idées, mais plutôt comme un atelier qui sent bon la sciure le soir venu...

Votre rapport aux autres

Qu'est-ce qu'un stagiaire ?

Votre réponse : UN TRAVAILLEUR

Un stagiaire est un travailleur, sur son lieu de travail. C'est donc de votre responsabilité de ne pas sortir du cadre.

Vous vous positionnez d'égal à égal avec vos participants, ce que vous savez, ils peuvent le savoir aussi, il suffit qu'ils mettent leurs pas dans les vôtres. Vous allez souvent vous appuyer sur votre expérience lors de votre présentation pour les rassurer et leur montrer votre légitimité. De fait, vous allez attendre la même chose de chacun d'entre eux, et prendre le temps de les faire parler, pour mieux les connaître et savoir à quel niveau se situent leurs besoins, individuellement.

Vous pourrez ainsi faire des liens, pendant toute la formation, entre vos propos et leur expérience. Vous aimez aussi utiliser des exemples pris dans des situations semblables pour contextualiser au maximum vos apports. Vous allez donc vous « nourrir » de leurs exemples et anecdotes pour les réutiliser dans un second temps.

Chaque fois que l'occasion se présente, vous prenez des nouvelles, après une formation, et validez la bonne application de ce que vous avez étudié ensemble. L'amélioration des process est primordiale dans votre vision du métier. Votre relation avec vos stagiaires est donc toujours centrée sur le sujet qui vous réunit.

Vous avez tendance à considérer le groupe comme l'accumulation de différentes expériences, voire de différents niveaux, et c'est donc individuellement que vous gérez vos stagiaires. Vous êtes capable de considérer les particularités de chacun. Vous tenterez même d'individualiser non pas les contenus, mais les exercices pratiques.

Bien évidemment, trouver un groupe très homogène est facilitant. C'est le type de groupe qui retient le plus votre faveur, et vous permet de remplir votre mission au mieux : qui dit homogénéité dit socle de connaissances commun et possibilité d'avancer tous ensemble au même rythme. D'ailleurs, travailler avec un tout petit groupe ou un grand groupe ne sera pas un problème si un besoin commun est au cœur du groupe.

Et l'adaptabilité dans tout ça ?

Votre concentration sur le cœur du sujet vous permet une plasticité importante face aux difficultés rencontrées pendant la formation.

Qu'il s'agisse de difficultés liées au quotidien de vos stagiaires, ou à l'organisation du stage en général, vous allez déployer tout votre talent pour réfléchir et agir avec eux, pour eux, afin de faciliter le déroulé.

Vous avez un côté « MacGyver », qui vous permet de toujours avoir l'outil ou la solution pour résoudre un problème. Une salle pas adaptée ? Vous en trouverez une autre ou réorganiserez au mieux celle à votre disposition. Des demandes spécifiques d'aménagement d'horaires de vos stagiaires ? À vous la solution pour faire le maximum dans le temps imparti. Un manque de matériel spécifique ? Vous connaissez une autre façon d'arriver au même résultat. Vous n'aurez jamais peur d'aller bousculer les organisateurs du stage ou les managers de vos stagiaires pour obtenir ce dont vous avez besoin. Et comme vous pensez toujours à l'avance à valider les points d'organisation, vous n'avez souvent à gérer que des difficultés « à la marge », une fois sur place.

De même, vous avez à disposition des contenus « élargis » par rapport au thème central de votre intervention : selon les attentes et le niveau de vos stagiaires, vous pouvez ainsi piocher les éléments les plus appropriés pour cette session.

Cette faculté d'adaptation est rassurante pour votre groupe qui se sent sécurisé, pris en mains. Pas de mauvaises surprises, d'oublis ou de ratés pendant vos formations, mais de la fluidité et l'assurance de rester dans le cadre prévu.

Attention toutefois à ne pas trop mécaniser vos interventions, à être trop concentré sur les contenus, vous risquez de passer à côté des besoins fondamentaux d'un groupe dans d'autres domaines, tels que les échanges dans le groupe ou la nécessité quelquefois de sortir du cadre pour s'approprier plus facilement de nouveaux concepts.

Stressé, vous ? Par qui ou par quoi ?

Dans votre cas, c'est plutôt par qui *et* par quoi.

Votre stress peut effectivement se manifester à deux niveaux :

- l'organisation pratique : vous avez pris le temps de tout valider à l'avance, les impondérables (problème de salle, de matériel...) seront forcément source de stress même si vous pouvez compter sur votre adaptabilité naturelle pour trouver des solutions de remplacement. Plus vous aurez d'expérience dans votre métier, plus vous prendrez du recul par rapport à ces problèmes. Néanmoins, vous avez besoin d'être rassuré et au clair avant de démarrer votre formation, et les changements de dernière minute vont vous faire perdre le confort auquel vous aspirez au démarrage et pendant votre animation ;

Soyez attentif à votre attitude face à vos interlocuteurs. Ce qui est impensable dans votre monde peut relever du détail sans importance pour d'autres. Ne soyez pas cassant ou ironique face à une situation mal « bordée », cherchez avant tout comment gérer la situation, ne perdez pas de temps à chercher un coupable...

- l'apprentissage : chaque groupe a sa propre rythmique, sa propre expérience. Votre rythme n'est pas forcément le leur. Votre stress sera patent si le groupe ne comprend pas ou n'avance pas comme vous le souhaitez. Vous aurez tendance à remettre en cause les personnes, vos méthodes sont éprouvées, elles doivent fonctionner avec tout le monde, ce n'est pas normal ! Vous risquez de vous entêter, de passer trop de temps sur une séquence qui ne fonctionne pas. Votre besoin de cohérence et de logique va alors être un frein à la recherche de solutions « hors cadre ». Il vous faudra vous appuyer sur votre groupe, partir d'eux, accepter que les choses ne fonctionnent pas toujours comme prévu et adapter votre animation en conséquence.

Votre rapport aux outils

Quels contenus ?

Votre devise : « SI JE PEUX, ILS PEUVENT AUSSI ! »

Et vous allez le leur prouver, avec des méthodologies très pragmatiques, centrées sur l'expérimentation.

Vos explications théoriques sont détaillées, explicites, rien n'est laissé dans l'ombre, et surtout pas les difficultés possibles dans la concrétisation. Il ne s'agit pas de faire rêver vos interlocuteurs, mais de leur donner tous les moyens pour accomplir leur mission au mieux. Vous mettez donc à leur disposition un véritable mode d'emploi, avec le cas échéant des annexes pour adapter la procédure à tous les scénarios. Vous prenez aussi le temps de contextualiser vos apports : quels sont les résultats obtenus ailleurs ? Quelles sont les difficultés possibles et comment les éviter ? Le panorama est complet et documenté, vous parlez toujours d'expérience ou en vous appuyant sur des sources solides.

Pour la partie pratique, vous avez prévu des exercices « métier » pour que chacun s'entraîne et se confronte aux nouveaux acquis. Si vous avez pu faire un audit au préalable, vous vous appuierez dessus pour concevoir des situations très proches du quotidien de vos stagiaires. Sinon, vous les ferez parler afin d'utiliser dans vos séquences les exemples qu'ils vous proposeront.

Pensez à élargir le champ de vos exemples et de vos expérimentations. Une partie de vos stagiaires vient aussi chercher en formation un autre regard, une confrontation avec des expériences différentes qui peuvent élargir la vision qu'ils ont d'un métier ou d'une activité. De même, le jeu et les activités de décadrage, même s'ils ne sont pas en lien direct avec votre sujet, donnent de l'oxygène à votre formation et à vos stagiaires. Le besoin et la motivation ne vont pas toujours de pair dans l'esprit des apprenants, nourrissez les deux !

À chaque étape de votre formation, les acquis seront mesurés à l'aune des résultats obtenus par vos stagiaires. Pour cela, vous prenez le temps, vous faites avec eux, votre mode d'animation est collaboratif, vous vous mettez à leur niveau et leur montrez étape par étape comment parvenir à un résultat.

Vous appréciez de ce fait le travail en petits groupes, qui vous donne l'opportunité de vous adapter à chacun et de personnaliser les pratiques à l'individu, et à son expérience. Si les résultats ne sont pas ceux prévus initialement, vous préférez refaire plusieurs fois un exercice, de différentes manières, quitte à avancer moins vite que prévu. Votre objectif n'est pas que vos stagiaires repartent avec l'ensemble des contenus, mais avec des méthodes « digérées ». Votre pragmatisme et votre sens des réalités vous ont, en général, permis de prévoir des délais suffisants pour chaque séquence. Mais vous n'hésiterez pas à bousculer le programme pour passer plus de temps sur une séquence plus difficile à acquérir pour votre groupe.

Avec vous, aucun stagiaire ne doit revenir en disant : « Je n'ai rien appris de concret » !

Quels documents ?

Tous les documents qui vous seront utiles sont prêts et disponibles. Vous possédez une bibliothèque fournie, tant en livres qu'en documents pédagogiques, sur les sujets qui vous concernent dans votre pratique. Grâce à votre sens de l'organisation, tout est à jour et disponible facilement, votre clé USB ou votre disque dur ne vous quittent pas. Si vous êtes de la vieille école, vous possédez un classeur pédagogique impressionnant !

Vous remettez à vos stagiaires un livret de formation fourni et complet, sur lequel vous avez investi beaucoup de temps lors de votre préparation. Selon les cas, vous mixez la pratique et la théorie au sein de ce même document, ou vous avez un livret théorique avec en parallèle des exercices individuels que vous distribuez au fur et à mesure de l'avancée des travaux.

Vos livrets théoriques étant en général très détaillés, remettez-les à vos stagiaires plutôt en fin de session, pour éviter qu'ils ne passent trop de temps à les lire... au lieu de vous écouter.

Vous souhaitez mettre à la portée de vos stagiaires des procédures claires et faciles à suivre. Aucun risque de les voir noyés sous des informations qui ne les concernent qu'à la marge, vous validez au fur et à mesure le bien-fondé de chaque document au regard de vos objectifs pédagogiques. Et vous privilégiez systématiquement le fond à la forme, l'objectif est d'être compréhensible, pas d'être esthétique.

Votre rapport aux méthodologies

Théorie/pratique

Votre interpellation préférée : « ESSAYONS ! »

Mais essayons en connaissance de cause ! Des quatre typologies exposées dans ce livre, c'est vous qui avez sans doute le profil le plus équilibré entre l'usage de la théorie et de la pratique. Étape par étape, vous expliquez, démontrez par l'exemple, puis faites faire à chacun. Ce faisant, vous passez chaque fois du « savoir » (théorie) au « savoir-faire » (pratique) et au « savoir-être » (prise en compte de chacun dans le processus d'assimilation).

Votre posture de formateur est une posture d'exemplarité, vous montrez au groupe comment faire, avec minutie. Puis, pendant l'application pratique, vous circulez au milieu de vos stagiaires pour aider, rectifier, encourager chacun.

Vos croyances sur l'importance du détail dans la théorie comme dans la pratique risquent de vous confronter à des stagiaires qui sont sur une rythmique différente. Un certain nombre d'entre eux ont besoin d'affronter seuls de nouvelles expériences, sans se sentir dirigés, même avec bienveillance.

Vous vous positionnez au milieu de votre groupe, votre posture est modeste, vous êtes gêné si vous devez vous retrouver mis en scène, isolé de votre groupe. Vous n'êtes pas fan des grandes démonstrations, la formation n'est pas le lieu pour cela.

Vous avez pris soin d'installer une salle dans laquelle il sera facile de circuler, de passer des contenus aux exercices. Votre préparation initiale a permis de valider l'usage du matériel, pas de mauvaise surprise avec un vidéoprojecteur qui ne fonctionne pas...

Les stagiaires sont pris par la main, emmenés pas à pas, au risque de s'ennuyer un peu devant un programme qu'ils pourraient trouver laborieux, s'ils sont en attente d'une pédagogie ludique.

Soyez attentif à revenir régulièrement sur la « colonne vertébrale de votre sujet », pour donner du sens et éviter le côté « recettes de cuisine ».

Ne craignez pas d'être affirmatif, pour les théories comme pour la pratique, vos stagiaires attendent aussi de vous de l'assurance, vous devez les mettre en confiance, quant à leurs capacités, mais aussi quant aux vôtres.

Projection/interaction

Votre mode de fonctionnement est clairement tourné vers l'interaction, même si vous pensez être dans la projection. Par « projection » on entend ici non pas le fait de montrer ou de démontrer ce que vous savez faire, mais le fait de donner une direction, penser en terme global, raisonner en termes d'objectif à atteindre. Dans votre cas, il s'agit au contraire de passer par toutes les étapes, une à une, sans se préoccuper forcément de l'objectif final, par souci de prudence.

Votre façon d'animer, en montrant, en faisant, en faisant faire, relève donc de l'interaction. Cela fait de vous un formateur impliqué, qui n'hésite pas à descendre dans l'arène pour prouver la pertinence de ses propos.

Et c'est ce qui peut être dangereux dans votre cas, votre croyance dans l'importance de maîtriser le sujet abordé risque de vous freiner, de vous empêcher d'emmener vos stagiaires plus loin que prévu, voire plus loin que vous ne pouvez aller vous-même. Dans votre souci de bien faire, vous allez brider l'élan de certains, principalement ceux qui sont atypiques dans leur fonctionnement et arrivent au résultat par des voies détournées. Ne confondez pas le fond et la forme, acceptez que plusieurs chemins mènent au même résultat.

Utilisez vos facilités pour travailler avec le groupe, élargissez vos échanges aux personnes, pas uniquement aux contenus, enrichissez-vous et enrichissez-les par le questionnement, l'échange d'expérience, appuyez-vous sur l'aspect humain de votre métier pour faire évoluer vos formations.

Prenez aussi du recul, acceptez que les participants travaillent seuls, peut-être moins bien que guidés par vous, mais de façon plus autonome. Cela vous donnera aussi des moments de recul, dont vous avez fort besoin étant donné l'implication que vous déployez dans vos animations !

Repérez dans votre groupe les stagiaires les plus en demande d'aide, et ceux qui avancent de manière autonome, adaptez votre comportement aux uns et aux autres, quitte à fonctionner à deux niveaux. Ceux qui ont cherché seuls un résultat peuvent expliquer en fin d'exercice comment ils s'y sont pris, et ouvrir de nouvelles voies dans l'accomplissement d'un process, par exemple.

Rassurez-vous, l'autonomie peut être aussi une posture intéressante, et n'empêchera pas vos stagiaires d'écouter et de retenir les propositions d'applications que vous aurez proposées.

Votre rapport au temps

Mode passé, présent ou futur ?

Votre constat : « ON NE POUVAIT PAS ALLER PLUS VITE »

Vous fonctionnez à deux niveaux :

- en mode *passé*, pour tout ce qui concerne vos contenus, appuyés sur l'expérience et l'expérimentation. Aucun risque de vous voir tester en « live » un nouveau process qui n'a déjà prouvé sa fiabilité. Ce que vous proposez à vos stagiaires est validé, et vous avez les moyens de le prouver ;
- en mode *présent*, pour ce qui concerne votre animation. Tout est prévu, organisé, vous êtes à l'heure, voire souvent

en avance, et respectez votre timing avec facilité, c'est une évidence pour vous ! Votre organisation est avant tout spatiale, pas temporelle : vous prévoyez tout ce qui peut être utile, le mettez en place avant le démarrage, et gérez votre salle au mieux des exigences de votre groupe. Concernant la gestion du temps, vous procédez par séquences, en mettant à chaque fois en action la procédure prévue. Pas de fantaisie, c'est en respectant chaque étape que le stage sera un succès.

Ce fonctionnement vous rend sensible au stress en cas de dépassement de timing. Si un exercice ou un échange prend plus de temps que vous ne le pensiez, vous stressez, et communiquez ce stress à vos stagiaires. Du coup, vous courez le risque que vos stagiaires perdent leurs moyens, en ayant l'impression qu'ils risquent de dépasser les délais prévus.

Donnez-vous de la latitude dans la préparation de vos séquences, prévoyez du temps pour les échanges ; pédagogiquement, c'est tout aussi important pour l'assimilation des concepts.

Vous êtes de ce fait un formateur très attentif, même si parfois vous l'êtes plus aux situations qu'aux personnes.

Planification

La planification, vous connaissez, c'est l'un de vos points forts...

Cela vous rend performant pour prévoir les temps nécessaires aux séquences et, surtout, votre mode de fonctionnement, constant dans le temps, vous donne les moyens de peaufiner chaque séquence pour éviter toute surprise lors de l'animation.

Les documents sont prêts, les outils vérifiés fonctionnent, le déroulement de la formation se fait sans heurts, comme une mécanique bien huilée.

Bien sûr, tout ne peut pas se planifier, et les contretemps, comme nous l'avons vu plus haut, vont être une source de stress pour vous.

Pour les éviter au maximum, prévoyez pour une même séquence plusieurs types de déroulés théoriques ou d'exercices pratiques afin de vous adapter facilement à des situations non prévisibles (stagiaires très en retard, alerte à la bombe pendant la journée...).

Enfin, cette planification va s'appliquer aussi aux temps de pause et de déjeuner, toujours respectés, et, en cela, vous êtes un excellent pédagogue, qui laisse le temps de « souffler » à ses stagiaires.

La carte heuristique de votre profil

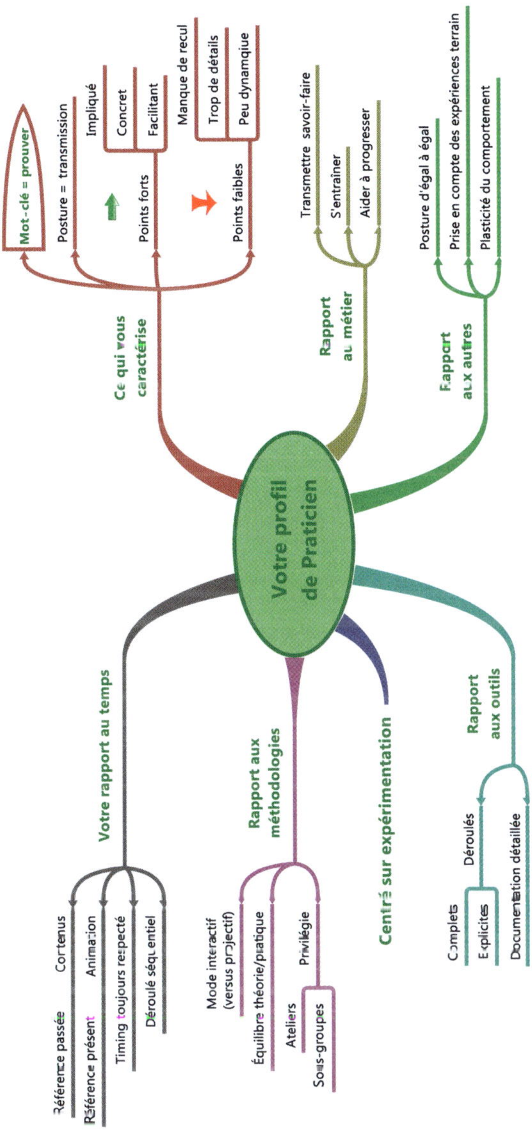

En résumé…

PRATICIEN	Préparer une formation	Animer une formation	Assurer le suivi d'une formation
Compétences de base	★ ★ ★	★ ★ ☆	★ ☆ ☆
Points forts	Tout est prêt à l'avance. Les séquences sont testées plusieurs fois. Préparation approfondie des contenus. Aucun oubli de matériel. Contact préalable avec le client, le lieu de formation, pour valider l'organisation.	Connaissance de la thématique abordée. Mode d'animation rassurant, très clair, facile à suivre. Tout est bordé, pas de perte de temps. Cheminement logique, pas de coq-à-l'âne ni d'impasse sur certains sujets.	Remise d'un livret de stage complet, avec toutes les annexes possibles. Toujours disponible pour répondre à une question « pratico-pratique » après le stage.
À travailler	Être trop concentré sur les contenus, oublier les objectifs.	Être plus synthétique sur les points théoriques. Laisser les participants expérimenter d'autres méthodes.	Prendre l'initiative d'un suivi auprès des managers. Se tenir au courant des évolutions du métier, pour améliorer les contenus.
Angles morts	Prendre pour argent comptant les informations des managers. Prévoir un module peu « sexy ».	Penser global, avoir toujours présent à l'esprit l'objectif final, en termes de résultat, pas de pratique terrain.	Former les stagiaires au-delà des objectifs, pour prendre en compte les évolutions métier à moyen ou long terme.

Si votre second score est

Professeur

Vous y gagnez

De la rigueur, et une prise de recul par rapport aux contenus proposés qui vont induire un « lâcher-prise » dans votre recherche de la perfection. Vous allez ainsi présenter vos contenus en vous appuyant sur la théorie, ce qui va élargir le cadre de votre intervention par rapport au métier exercé par vos stagiaires.

Vous allez aussi avoir une conscience plus aiguë du besoin de performance inhérent au quotidien professionnel de chacun et, ainsi, plus facilement proposer à vos stagiaires des mises en situation qui les challengent et les amènent à se dépasser. Vous serez moins tenté de tout connaître, conscient que ce sont eux – et non pas vous – qui pratiqueront demain.

Attention à…

Prendre en compte vos stagiaires dans leur intégrité : avant d'être des professionnels, ce sont des êtres humains, qui ont aussi besoin pendant une formation d'échanges informels, de lâcher prise et peut-être d'un peu de fantaisie, si leur contexte professionnel actuel est tendu. Personne ne vous demande de vous transformer en GO, mais sachez reconnaître les instants de lassitude et lâcher du lest, en laissant des échanges interstagiaires déborder un peu du cadre de la formation, par exemple.

Animateur

Vous y gagnez

Une proximité redoublée avec vos stagiaires, dans leur problématique professionnelle, mais aussi dans les dimensions humaines de leur comportement. Vous allez ainsi naturellement centrer votre animation sur leurs besoins tout en prenant en compte leur motivation. Cette attitude va renforcer vos échanges avec vos stagiaires, et ajouter un dynamisme certain à vos animations. Vos exercices seront proposés sur un mode plus ludique, et vous aurez à cœur d'expliciter à chacun ce qu'il a à gagner à procéder de telle ou telle manière, et pas seulement comment il doit faire.

Vous allez aussi lâcher du lest dans votre besoin de détails et de preuves, et accepter que certains fonctionnent avec une autre rythmique ou utilisent des méthodes moins rationnelles pour arriver au résultat recherché.

Attention à...

Ne pas vous laisser « manger » par vos stagiaires. Votre fonction de formateur implique aussi une prise de recul, un regard extérieur qui est précieux pour vos équipes. Si vous instaurez une relation trop fusionnelle avec eux et leurs difficultés professionnelles, vous n'allez pas leur donner les moyens de porter un autre regard sur leur travail : c'est pourtant une des vertus de la formation, ne les en privez pas !

Théoricien

Vous y gagnez

Un décadrage, une possibilité de voir les choses sous un autre angle, d'accepter de changer de vision, de ne pas reproduire sans cesse les mêmes méthodologies dans les mêmes contextes. Tout en gardant les pieds fermement plantés au sol, vous pouvez, quand le sujet le permet, tester de nouvelles pratiques, envisager un autre usage pour une méthodologie éprouvée, penser aux implications de votre travail dans un autre contexte. Cela apporte une richesse certaine à vos animations, une ouverture vers d'autres horizons qui vont donner un éclairage nouveau à vos stagiaires et leur permettre de prendre de la hauteur.

Vous serez aussi à même d'ouvrir les échanges sur d'autres sujets, de prendre du recul et de gagner en esprit de synthèse sur vos présentations. Vos formations y gagneront en clarté, et auront plus de sens aux yeux de vos stagiaires.

Attention à...

Garder de la cohérence dans vos animations. Ces deux profils sont plutôt antinomiques et peuvent entraîner un comportement erratique, vous amenant à être trop rigide sur certains points et accepter des propositions de vos stagiaires, mêmes fantaisistes, sur d'autres...

Réfléchissez à l'avance aux thèmes qui ne souffrent pas d'approximation, et à ceux pour lesquels des apports créatifs vont être un « plus » non négligeable. À vous d'adapter votre animation en respectant ces barrières que vous vous serez imposées lors de votre préparation.

3

Profil « Animateur », *le plus entraînant !*

Ce qui vous caractérise

Votre mot-clé : PARTAGE

Votre posture : FAIRE ENSEMBLE

Pour vous, former signifie être ensemble, dans une salle, pour partager des points de vue, des expériences, et mettre en place de nouvelles méthodologies de travail. Vous êtes un formateur tourné vers les individus, vers l'humain.

Les stagiaires conquis disent de vous que vous êtes : dynamique, spontané, moteur, énergique, à l'écoute. Vous êtes décrit comme une personne qui facilite, qui met du lien, dédramatise, fait participer, rebondit, s'adapte au groupe.

D'autres diront peut-être, a contrario, *que vous manquez de cohérence, que vos formations partent dans tous les sens, que vous sortez du cadre ou bien que vous privilégiez la forme au fond.*

Dans tous les cas, personne ne sera insensible à votre enthousiasme, votre réel besoin de transmettre, de partager, de faire évoluer vos participants en prenant toujours en compte leurs individualités et problématiques spécifiques. Vous êtes un formateur extraverti, qui laisse toute sa place au dialogue. Avant toute chose, à l'issue d'un stage, vos stagiaires se souviennent de vous, et associent les connaissances acquises à votre personne. Pour certains, vous serez sûrement l'équivalent de ce professeur dont on garde longtemps le souvenir parce que sa manière d'enseigner nous semblait si bien adaptée à nous...

Échos de formation

Ce que les stagiaires disent de vous

« Il a pris le temps de nous écouter », « Il n'a pas essayé de nous imposer sa vision », « Avec lui, on ne s'ennuie pas ! », « C'était très vivant », « Je n'ai pas vu passer la journée », « Nous avons beaucoup échangé entre nous », « Il nous a compris », « On a vécu un moment passionnant »

Ce qu'ils risquent de dire

« On a passé beaucoup trop de temps à palabrer ! », « La gestion du temps, c'est pas son truc ! », « C'était bien, mais on n'a pas appris grand-chose », « Je ne me suis pas senti challengé »

Ce que vous dites de vos stagiaires

« Ils sont sympathiques », « C'est un groupe attachant », « On a passé un bon moment », « Ils avaient beaucoup de choses à dire », « J'ai pas eu le temps de tout faire, mais cela valait la peine », « Ils avaient vraiment besoin d'aide », « Ils ont beaucoup aimé », « J'espère que j'aurai l'occasion de retravailler avec eux... »

Ce que vous risquez de dire

« C'était un groupe dur », « Je ne suis pas content de moi », « J'aurais pu faire mieux », « Ils n'avaient pas envie de participer »

Votre rapport au métier

Former, pour vous, c'est quoi ? Vos croyances sur ce métier

Vous voyez votre métier comme Florence Nightingale voyait le sien : l'objectif est de faire évoluer sans cesse les pratiques pour améliorer le quotidien de vos stagiaires. La formation permet à chacun de mieux savoir faire, et à tous de passer un bon moment.

L'ambiance est en effet au centre de vos préoccupations : si les stagiaires ne se sentent pas bien, ils n'apprendront pas ou, pire, ils n'auront pas envie de mettre en pratique. Ils ont besoin d'être aidés, soutenus. Il vous faut donc éviter les confrontations, les tensions, quitte à « lâcher du lest », à en faire moins, mais mieux.

Vous donnez la priorité aux individus présents dans la salle, et vous préférez modifier votre module pour l'adapter au groupe plutôt que de réaliser le module prévu en prenant le risque de passer à côté de vos participants. Vous savez gérer un groupe, mais chacun est différent, vous n'oubliez jamais un individu sur le bord de la route, quitte à lui consacrer du temps aux pauses ou au déjeuner.

Vous conditionnez la réussite d'une formation au fait que vos stagiaires ont aimé ou pas votre prestation. Ce qui pour vous revient à dire qu'ils vous ont aimé ou pas. De fait, pour vous, le formateur, en tant qu'apporteur de connaissances, est indissociable de l'être humain. Vous vous sentez responsable de l'avancée de votre groupe et aurez tendance à vous remettre personnellement en question, avant toute autre considération matérielle ou pédagogique.

Cette vision du métier fait de vous un formateur attachant, à l'écoute, qui ne passera jamais « à côté » d'un stagiaire. Quel que soit votre état d'esprit du moment, vos stagiaires sont assurés que, dans la salle, ils auront toujours toute votre attention.

Votre empathie vous donne les moyens d'adapter vos contenus pour en faire des outils pratiques utilisables facilement par chacun, quel que soit le sujet.

Les risques, car ils existent, sont de deux niveaux :

- *concernant votre groupe, de perdre de vue votre objectif en focalisant sur l'aspect relationnel. Autant il est important d'être attentif à l'état d'esprit d'un groupe, autant vous risquez d'être « vampirisé » par une ou plusieurs personnes qui vont transformer la formation en rendez-vous thérapeutique, au risque d'agacer ceux qui veulent avancer. De la même façon, certains peuvent se sentir pris au piège d'un relationnel affectif et ne pas oser dire ce qui ne convient pas dans votre animation, de peur de vous blesser ;*
- *vous concernant, le peu de distance que vous mettez entre votre personne et votre métier peut vous amener à prendre pour (ou contre) vous tout ce qui sera dit concernant la formation. Ne vous trompez pas de combat : les retours des stagiaires concernent bien des aspects d'une formation, le formateur n'en étant qu'un parmi d'autres. En confondant fonction et individu, vous risquez de faire ce qu'il faut pour être apprécié de vos stagiaires, et non ce qu'il faut pour qu'ils apprécient votre intervention, quelle qu'en soit la raison.*

Pourquoi former ?

Votre image ? Un CŒUR, une main tendue, tout ce qui peut symboliser l'émotion.

Vous faites ce métier pour les rencontres, les opportunités d'échanger et de voir les gens évoluer et s'épanouir dans leur travail.

La formation a pour objectif d'aider des personnes. Votre rôle est donc de partir d'eux, de leurs problématiques et de faire le lien avec les attentes de l'entreprise ou les contraintes du métier. Si vos stagiaires en quittant la salle sont plus motivés, plus enthousiastes ou simplement rassurés sur leurs compétences, votre objectif est atteint.

Former, pour vous, est synonyme d'épauler, soutenir, motiver, accompagner, dans le sens relationnel du terme. Vous êtes formateur parce que vous disposez de connaissances qui peuvent aider des individus dans leur quotidien, et que vous vous donnez les moyens de les leur transmettre avec humanité.

La formation est aussi un lieu d'échanges, où les participants peuvent prendre du recul, s'inspirer de l'expérience des autres, s'entraîner et aussi faire une parenthèse dans un quotidien difficile.

La formation a un rôle social, elle permet à chacun de se ressourcer, de se dynamiser, elle est utile autant à la motivation qu'à l'acquisition de connaissances.

Votre rapport aux autres

Qu'est-ce qu'un stagiaire ?

Votre réponse : UN ÊTRE HUMAIN

Un stagiaire est une personne, et, qui plus est, une personne qui compte sur vous. Votre devoir est de répondre à cette attente.

Votre position par rapport au groupe est « gagnant/gagnant » : vous vous mettez au même niveau qu'eux et envisagez les apports comme un échange, vous avez autant à apprendre d'eux qu'ils ont à apprendre de vous. Vous allez donc prendre le temps de connaître chacun de vos participants pour être sûr de réaliser un stage qui corresponde à leur demande, à leurs besoins, tels qu'ils les ont formulés. Vous retenez en général très vite le prénom de chacun, et êtes attentif tout le long de la formation à son implication dans votre démarche.

Vous allez ainsi tisser des liens qui souvent dureront dans le temps après la réalisation de l'action de formation : échange de mails, ou par téléphone. Vous personnalisez la formation au point que les stagiaires se sentent redevables, vous tiennent au courant, voire restent demandeurs de conseils et de soutien après l'action.

Vous considérez le groupe comme une personne de plus : quand le groupe est fondé, il représente une « personne » à part entière et vous allez vous adresser alternativement à cette entité ou à chacun des membres qui la composent, de la même manière. Vous privilégiez les petits groupes, plus intimes, les installations propices à l'échange. Ce rapport de proximité vous est indispensable pour animer. Spontanément, vos stagiaires se livrent souvent volontiers à vous, car ils se sentent reconnus en tant que personnes et sont en confiance.

Vous vous assurez d'ailleurs toujours que les stagiaires vont disposer par exemple de bouteilles d'eau et éventuellement de gâteaux secs en ouverture de stage. Vous veillez à leur bien-être ; pour vous, c'est la clé de leur attention.

Et l'adaptabilité dans tout ça ?

Vous êtes naturellement très adaptable, puisque vous considérez que c'est la base de votre métier. Vous n'avez aucun problème pour remettre en question une idée ou un contenu, l'objectif étant que le groupe soit d'accord, vous n'êtes pas là pour imposer votre point de vue.

Attention, cette posture « modeste » vous amène quelquefois à vous remettre en question trop vite, contrepoint gênant de votre posture d'ouverture.

Votre adaptabilité aux personnes se traduit dans votre écoute, votre facilité à accomoder matériellement le stage (changement d'horaires ou de lieux selon le contexte), mais aussi par une capacité à jongler avec différents points de vue, voire différentes personnalités.

Vous allez ainsi aisément adapter les contenus de votre formation au niveau et aux besoins de vos participants, en ayant toujours à l'esprit l'importance de l'utilité au quotidien de vos apports.

Vous possédez cette qualité rare, qui va faire que chacun de vos participants aura l'impression d'avoir été le centre de votre attention pendant la durée de la formation.

Soyez simplement attentif à garder du recul par rapport aux personnes, vous êtes dans une salle de formation avec un ou des objectifs précis, les adapter ne veut pas dire en sortir, votre propension à faire plaisir peut vous amener à vous laisser embarquer par vos stagiaires, ce qu'ils vous reprocheront peut-être d'ailleurs après coup !

Pour utiliser au mieux cette aptitude naturelle à l'adaptabilité, prenez du recul. Votre groupe, en tant que tel, est une personne, et c'est à cette personne-là principalement que vous devez vous adapter, afin de garder le cap tout au long de votre animation.

Stressé, vous ? Par qui ou par quoi ?

Vos qualités d'adaptabilité vous prémunissent largement contre une bonne partie des sources de stress. Si l'organisation n'est pas au top, le public n'est pas complet ou au contraire en augmentation, vous allez mettre rapidement en place des stratégies d'adaptation.

Les sources de stress possibles, dans votre cas, tournent toujours autour de l'individu :

- l'agressivité : sans aller jusqu'à dire que vous vivez au milieu des « Bisounours », vous avez une haute idée des relations humaines, et il vous paraît logique de penser que tout le monde cherche à communiquer dans une ambiance harmonieuse. Le stagiaire qui va manifester, par son attitude ou ses mots, de l'agressivité à votre égard ou à celui du groupe va remettre en cause vos croyances et vous désarçonner. Si vous avez suffisamment d'expérience, vous allez en général faire le choix d'éviter la confrontation, de passer un « contrat » moral avec la personne concernée par rapport au reste du groupe, et le prendre en aparté à la pause ou au déjeuner. Votre sincérité dans les échanges suffira souvent à ramener la personne concernée à de meilleurs sentiments.

  Toutefois subsiste le risque que vous perdiez pied devant une réaction agressive, et que vous choisissiez la confrontation pendant l'animation, transformant alors l'échange en un combat reléguant le reste du groupe en spectateurs impuissants et mal à l'aise. Soyez attentif à ne jamais vous laisser « embarquer » dans ce type de confrontation, la salle de stage n'est pas le lieu pour régler des problèmes individuels. À l'inverse, ne vous laissez pas gagner par l'attitude opposée : au nom de la paix à tout prix, ne renoncez pas à « recadrer » une personne au comportement déplacé.

- la non-adhésion aux contenus de votre formation. Avoir le sentiment que les principes que vous partagez avec le groupe ne sont pas en cohérence avec leur quotidien sera une autre source de stress pour vous. Si la formation n'est pas source d'amélioration au quotidien, elle est inutile. Là encore, vous allez rapidement prendre le pouls d'un groupe et modifier les contenus de manière à concilier les besoins de vos stagiaires avec les attentes de vos commanditaires ;
- enfin, globalement, toute attitude « hors cadre » de l'un de vos stagiaires peut vous stresser, qu'il s'agisse de manifestation d'ennui, d'indifférence ou de contestation. Vous allez alors devoir prendre suffisamment de recul pour éviter de faire passer votre notion du bien-être individuel de vos stagiaires avant le bien-être du groupe.

  En situation de tension pour vous, prenez toujours le temps du recul : tel stagiaire est insatisfait, qu'en est-il du groupe ? Tel stagiaire se plaint du manque d'intérêt d'une séquence, est-ce le cas de l'ensemble des participants ?... Les comportements marginaux ont tendance à s'effacer s'ils ne rencontrent pas de résistance au coup par coup.

Votre rapport aux outils

Quels contenus ?

Votre devise : « IL FAUT QUE CELA LEUR PARLE ! »

Quel que soit le sujet de votre formation, les contenus vont être présentés de la manière la plus vivante possible, avec des exemples, des anecdotes vécues. Avec vous, aucun risque d'une formation trop théorique et peu en lien avec les besoins de vos participants ! Vous êtes convaincu que c'est l'expérimentation terrain qui permet d'apprendre, de retenir l'information. Vous ferez donc tout votre possible pour mettre en place, pendant l'animation, des exercices, jeux et entraînements pour leur donner les moyens de cette appropriation, et bâtir avec eux des outils et documents utilisables après la formation. Vous privilégiez de fait les sous-groupes, et mettez la main à la pâte en aidant, motivant, conseillant au fur et à mesure.

Cela vous amène naturellement à des formations actives, où la théorie n'est que le point de départ d'un travail concret, réalisé ensemble. Vous prônez le partage d'expérience : les échanges n'ont pas seulement comme objectif de vivre un moment convivial, il s'agit avant tout de mettre en commun des expertises et des expériences.

Les spécificités de votre profil vous le confirment, nous ne sommes pas tous fabriqués pareil ! Certains de vos stagiaires peuvent être en demande de plus de temps passé à expliciter théoriquement un point précis, à obtenir de la matière, à prendre du recul... Ne confondez pas importance de pratiquer avec mouvement perpétuel. Un stage est aussi un lieu de réflexion, et, de par vos apports, vous devez nourrir cette réflexion.

Ainsi, vous allez constamment interpeller vos participants, les impliquer, leur demander de vous fournir des exemples et des mises en situation : vous les encouragez à exprimer haut et fort leur point de vue. Au cours de ces échanges, vous allez mettre en évidence pour tous les bonnes pratiques existantes et les erreurs à éviter. Impossible d'assister à l'une de vos animations en restant dans son coin, vous allez les chercher un à un et prenez le temps de vérifier à chaque étape que tout le monde a bien compris.

Vous aurez souvent tendance à l'optimisme et vous allez prévoir plus de séquences qu'il n'est possible de réaliser dans le temps imparti. Votre adaptabilité naturelle, là encore, va vous aider à faire le tri pour conserver ce qui sera utile à ce groupe-là particulièrement.

Quels documents ?

Quel que soit le temps passé à préparer, vous avez peu de documents à leur fournir au préalable, puisque c'est avec eux que vous allez créer un livret stagiaire disponible après la formation.

Et même si vous disposez d'une base théorique, vous allez l'adapter, en ne distribuant que les documents qui vous semblent en rapport avec ce que vous faites.

Pour autant, vous avez toujours avec vous des exercices tout prêts, des dessins ou schémas supports de vos explications, des livres avec des jeux ou des mises en situation utilisables à volonté. Vous disposez ainsi « d'une boîte à outils » de formation, dans laquelle vous puisez pour nourrir la pratique de vos stagiaires. Si vous en avez l'occasion, vous prenez volontiers le temps de mettre au propre le travail produit par le groupe, et de le leur envoyer ensuite sous forme de « bible » totalement personnalisée.

A contrario, vous prévoyez peu de documents théoriques, et ne vous appuyez sur un PowerPoint que si vous y êtes obligé, tout document généraliste vous semblant contraignant dans votre pratique de formateur.

N'hésitez pas à compléter ou à faire précéder vos exercices pratiques par des PowerPoint courts et explicites, de manière à « parler » à tous vos stagiaires, y compris ceux qui ont besoin de visualiser des concepts pour se mettre en mouvement.

Votre rapport aux méthodologies

Théorie/pratique

Votre interpellation préférée : « FAISONS (ENSEMBLE !) »

Comme nous venons de le voir, dans la balance, le rapport théorie/pratique penche largement du côté de la pratique ! Si vous avez le choix, on sera sûrement dans un rapport 30 %/70 %. Vous privilégiez le mouvement, l'action, quitte à ne pas laisser suffisamment souffler vos participants, notamment en oubliant la pause.

En formation, la pratique est de l'ordre du « savoir-faire », voire du « savoir-être » quand la théorie représente le « savoir ». Les attentes de vos stagiaires étant multiples, soyez attentif à ne pas vous laisser embarquer, le savoir est pour certains la porte d'entrée dans un nouveau concept, et la mise en pratique seule ne leur « parlera » pas. Prenez le temps de l'exposé à chaque nouveau concept, et validez que votre groupe l'a bien assimilé avant de passer en phase d'expérimentation. Pensez à donner des définitions, des formules, des synthèses de contenus, des phrases clés. Bref, faites décoller votre formation du « niveau du vécu ».

Votre posture d'animateur est une posture de proximité, vous êtes assis près d'eux, voire de façon décontractée, assis sur la table (quand vous êtes assis !). Vous vous mêlez volontiers au groupe, en vous asseyant au milieu, vous évoluez dans la salle pour avoir leur vision des choses, mieux comprendre leur point de vue, de leur place.

Pour la partie théorique, vous allez plus facilement privilégier des outils « adaptables » comme le *paperboard*, où, là encore, vous pourrez adapter vos contenus au groupe et non pas leur donner une théorie unique, qui vous semblera éloignée de leurs préoccupations. Vous tapissez la salle de formation au fil de la journée avec tous les *paperboards* de manière à ce que tout soit visible, pour pouvoir revenir dessus si besoin est.

Vous prenez du temps pour installer votre salle, et validez toujours que vous allez pouvoir faire des sous-groupes, soit en ayant une grande salle à disposition, soit en bénéficiant de l'accès à une ou plusieurs salles de sous-commission.

Vous savez de fait souvent fort bien animer les retours d'expérience, tirer le meilleur parti du travail des sous-groupes et vous appuyer sur les résultats du groupe pour faire avancer la formation.

Votre posture n'est ainsi jamais celle de l'enseignant, éloigné sur son estrade, mais plutôt celle du participant « expert », voire du médecin accoucheur !

Projection/interaction

Votre mode d'animation est clairement l'interaction. Aucun risque de vous voir vous envoler dans un élan lyrique, vous restez en permanence en lien physique et intellectuel avec vos participants. Cela fait de vous un intervenant chaleureux, souriant et en mouvement.

Vous comptez beaucoup sur votre intuition, vous « sentez » ou vous ne « sentez pas » une situation ou une personne. Comme souvent quand on lui fait confiance, votre intuition est juste, et vous vous donnez les moyens de la valider par le dialogue et l'écoute. Vous ne souhaitez surtout pas faire rentrer des concepts au chausse-pied, mais au contraire les modeler pour les rendre attractifs, facilitants pour vos stagiaires.

Cette posture a comme principal inconvénient d'être fatigante pour vous, vous vous donnez à fond sans vous épargner, et plus la situation est difficile, plus vous allez donner de vous-même. Pensez à prendre du recul : laisser les stagiaires un peu seuls face aux difficultés d'un exercice vous donnera un temps pour souffler, et leur donnera à eux de l'espace pour réfléchir par leurs propres moyens.

Enfin, pensez que l'interaction fait de vous, en tant que personne, un élément de formation tout aussi fondamental que les contenus, et que le risque de confusion entre la personne et la formation est avéré. Systématisez des moments de prise de recul en vous effaçant régulièrement derrière vos contenus. Le temps passé à regarder un

PowerPoint, par exemple, est aussi un temps sans vous, où les stagiaires peuvent se retrouver face à eux-mêmes et réfléchir autrement.

Un institut de recherche américain a suivi l'activité cérébrale de personnes participant à une réunion. Le résultat de ses recherches montre que ceux qui se perçoivent comme inférieurs au niveau du groupe cessent d'utiliser leur cerveau dans ce contexte de compétition. On peut donc en déduire que les contributions individuelles additionnées peuvent être, dans certains cas, plus productives que le travail en groupe. Prévoyez systématiquement des séquences de travail personnel pour respirer et permettre à chacun de s'investir individuellement.

Le groupe doit être capable d'autonomie, il doit fonctionner sans vous et il peut trébucher sans que vous soyez là aussitôt, en sauveur. Les amener à une vision « adulte » de leur implication dans la formation est un élément pédagogique vital en animation. *Ayez toujours à l'esprit que pour un participant faire un effort productif est tout aussi précieux que passer un moment agréable.*

Votre rapport au temps

Mode passé, présent ou futur ?

Votre constat : « JE NE POUVAIS PAS LES EMPÊCHER DE PARLER ! »

Votre mode d'action est le présent, ici et maintenant.

Ce qui se passe dans la salle, pendant l'animation, prime sur la préparation et même sur demain. Vous avez pourtant présent à l'esprit l'usage futur des concepts présentés pendant la formation. Mais dans la salle, vous vous préoccupez presque exclusivement de ce qui se passe pendant quelques heures entre vous et les stagiaires présents.

Vous travaillez sur le registre de l'« intensité ». Avec ses avantages : Investissement dans l'action, dynamisme de l'animation, et aussi ses inconvénients, timing dépassé, trop d'importance aux cas particuliers.

Quand un sujet vous semble important pour le groupe, qu'il se passe quelque chose, débat, échanges, travail en commun, vous laissez filer, persuadé que tout le monde est content de travailler ainsi.

À l'inverse, vous écourterez bien volontiers une séquence qui n'accroche pas vos stagiaires, leur motivation ou non étant pour vous un indicateur de qualité, pas de temps à perdre sur un sujet qui ne prend pas, fût-il important !

Le rapport au temps étant lui aussi très personnel, vous avez forcément dans votre groupe des stagiaires qui ont besoin de souffler, d'avancer doucement et non au pas de charge. De même, pour certains, le respect des horaires est une valeur intrinsèque à toute organisation, vos débordements peuvent vous défavoriser.

Pendant une formation, aucune chance de vous voir passer votre temps au téléphone ou sur vos mails, vos stagiaires sont sûrs d'avoir toute votre attention !

Planification

Ce domaine n'est pas votre fort. Planifier, cela veut dire prévoir à l'avance le déroulement d'une journée. Votre vision du métier, à l'inverse, demande des possibilités d'improvisation, seul moyen d'être adaptable et adapté au groupe. Même quand vous avez pensé à annoncer un plan au départ, il ne sera jamais respecté dans son intégralité. Telle partie va être allongée ou diminuée au fil du temps, voire remplacée par un exercice qui vous paraît plus judicieux à cet instant précis.

Même le timing le mieux minuté au monde ne sera pas tenable, vous ne prévoyez jamais assez de temps pour les échanges, ou bien vous en provoquez à des moments où il n'y en avait pas de prévus.

Par contre, vous allez tenir les délais dans les promesses de suivi faites à vos stagiaires : si cela doit leur être utile, vous prendrez toujours le temps de leur envoyer en temps et en heure les documents promis.

Soyez attentif à planifier ce qui vous est plus difficile, les moments consacrés à la théorie, le travail individuel, et respectez ces horaires coûte que coûte, cela vous donnera des balises pour votre journée.

Le cerveau humain est programmé pour « respirer » toutes les 90 minutes (105 minutes maximum). Le fait, pour vos stagiaires, d'être passionnés par ce qu'ils font avec vous ne les empêchera pas de perdre de la concentration au bout d'une heure et demie. Respectez ces temps de pause, pour eux et aussi pour vous. Vous n'en serez que meilleur...

La carte heuristique de votre profil

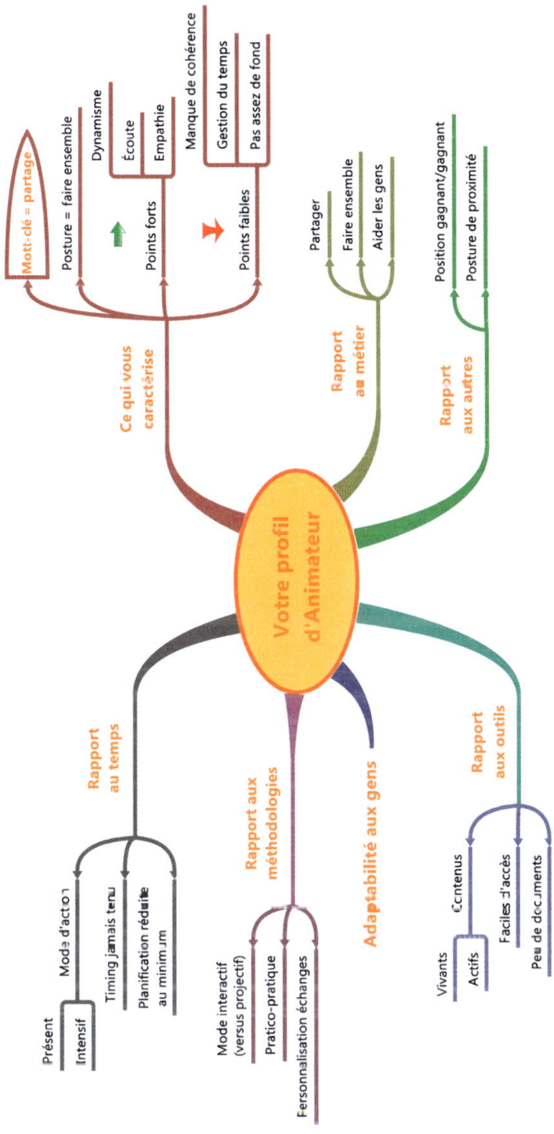

En résumé

ANIMATEUR	Préparer une formation	Animer une formation	Assurer le suivi d'une formation
Compétences de base	★ ☆ ☆	★ ★ ★	★ ★ ☆
Points forts	Intérêt pour le futur groupe. Prise de renseignements sur les spécificités du métier ou de l'entreprise.	Proximité avec les stagiaires, facilité à les faire s'exprimer. Adaptabilité, écoute. Crée le groupe, fédère. Fait remonter les ressentis et les opinions. Travail sur mesure, pour chacun. Facilite l'appropriation des contenus donnés. Personne n'est laissé au bord de la route. Connaissance approfondie du public.	Accompagnement dans le temps, coaching si besoin est. Investissement post-formation. Fourniture de documents « pratico-pratiques ». Disponibilité. Se souvient de ses stagiaires, s'il doit les retrouver plus tard.
À travailler	Prévoir des documents théoriques, des PowerPoint pour « cadrer » la formation. Avoir un timing précis et des objectifs factuels.	Les besoins, à dissocier des demandes, attention à ne pas passer à côté d'une notion importante même si elle est peu attrayante. Laisser les stagiaires en autodécouverte, ne pas leur mâcher le travail.	Compléter les livrets de formation pratiques par une partie théorique. Tenir ses engagements. Savoir stopper un échange qui dépasse le cadre du stage.
Angles morts	Timing incluant les temps d'échange, sans optimisme débordant.	Confusion entre la personne et le stage. Prendre toute critique pour une attaque personnelle.	Faire une remontée factuelle aux managers, sans se sentir obligé d'être le « sauveur » du groupe.

Si votre second score est

Professeur

Vous y gagnez

Une rigueur, un cadre d'intervention, de la logique dans votre déroulé : vous êtes conscient de l'importance d'une argumentation rationnelle, fondée sur des faits établis, et allez proposer à vos stagiaires de travailler ensemble dans un cadre déterminé en introduction, ce qui est rassurant dans le cadre d'une posture d'apprenant.

Vous allez aussi prendre le temps de théoriser vos apports, chaque fois que cela vous semblera nécessaire, et, ce faisant, ne pas vous appuyer uniquement sur vos convictions pour étayer vos propos. Cette combinaison de profils va aussi vous donner une vision plus prosaïque de votre métier, tant dans le respect des horaires que dans l'importance de challenger les stagiaires, et pas seulement de les encourager, pour l'atteinte de leurs objectifs.

Attention à…

Ne pas perdre en fluidité dans votre animation. Le principe de rigueur qui sous-tend le profil Professeur peut sembler décalé, voire incongru, associé à votre profil dominant. Autrement dit, ne changez pas de « braquet » de façon inconsidérée, au risque de paraître cassant, gardez votre empathie et votre lien inné avec votre groupe, même s'il s'agit de rentrer dans le « dur » au niveau théorique ou de les ramener à des considérations plus rationnelles, sur un sujet donné.

Praticien

Vous y gagnez

Une organisation pratique qui vous ferait défaut sans cette seconde préférence ! Vous serez ainsi plus professionnel, non pas en ce qui concerne le cœur de votre métier, mais pour les contingences matérielles, qui ne sont pas le fort de votre profil dominant. Associé à votre recherche de bien-être pour vos stagiaires, cela va faire de vous un formateur organisé, qui sait planifier et sera attentif à respecter les horaires prévus pour chaque séquence, notamment pour les moments de pause, indispensables aux stagiaires.

Vous serez aussi naturellement plus tourné sur la pratique professionnelle de vos stagiaires, ce qui vous donnera du recul dans votre relationnel avec eux et vous évitera de vous laisser « embarquer » sur des hors-sujets sympathiques mais grands dévoreurs de temps !

Attention à...

Sortir la tête de l'eau de temps en temps : l'association de ces deux profils fait de vous une personne profondément en phase avec son environnement, humain et matériel, et occulte une prise de recul indispensable tant sur le sujet traité que sur les objectifs à atteindre. Votre souci de l'autre et de sa réussite peut vous amener à dévier le cours de votre formation, en manquant de hauteur de vue.

Théoricien

Vous y gagnez

Vous étiez « punchy », vous voilà leader ! Vous ajoutez aux qualités inhérentes à votre profil une capacité à « embarquer » les gens, à leur faire partager votre vision du monde, à leur donner envie d'aller plus loin, de se dépasser. Les échanges sont percutants, font vraiment avancer le débat et donnent une nouvelle vision de leur métier à vos apprenants.

Vos animations sont créatives, toujours différentes, adaptées non seulement à votre public mais aussi aux idées et concepts développés au cours de la formation.

Vous êtes suffisamment synthétique pour regagner sur l'exposé théorique le temps que vous « perdrez » volontairement lors des échanges. Avec vous, les gens partagent un moment toujours agréable, mais en plus, ils savent à l'avance où vous souhaitez les emmener, ce qui ajoute du confort au plaisir.

Attention à...

Ne pas vous laisser emporter par votre enthousiasme : vos stagiaires ont aussi besoin de rigueur, de références, de données solides et vérifiables pour appuyer vos propos. Ne confondez pas le fond et la forme : vous savez créer une ambiance propice à l'apprentissage, n'oubliez pas d'y mettre du contenu...

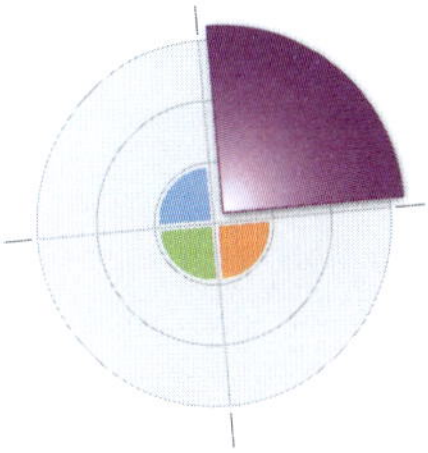

4
Profil « Théoricien », *le plus décoiffant !*

Ce qui vous caractérise

Votre mot-clé : OUVERTURE

Votre posture : DONNER DU SENS

Pour vous, former, cela veut dire ouvrir de nouveaux horizons, faire découvrir, faire comprendre, entraîner vers de nouvelles pistes de réflexion. Vous êtes un formateur tourné vers le monde, la curiosité, l'attrait de l'inconnu.

Les stagiaires conquis disent que vous êtes : enthousiaste, passionnant, imaginatif, entraînant, captivant. Vous êtes décrit comme une personne qui stimule, enrichit, provoque le débat, fait réfléchir, va à l'essentiel.

D'autres, a contrario, *diront de vous que vous êtes trop théorique, loin des réalités, que vous vous écoutez parler ou bien que vous n'entrez pas assez dans les détails.*

Dans tous les cas, votre énergie et votre réelle curiosité sont appréciées de tous, ainsi que votre envie d'ouvrir les esprits, de faire émerger de nouveaux concepts. Vous êtes un formateur charismatique, entraînant, avec une volonté ancrée de faire bouger les choses. Les participants vous font spontanément confiance, tant vous semblez sûr de vous et de votre expertise. Ils vous savent gré de leur permettre une prise de recul dans leur quotidien professionnel, un espace où s'affranchir des conventions pour réfléchir autrement, regarder par l'autre bout de la lorgnette…

Échos de formation

Ce que les stagiaires disent de vous

« C'est un pédagogue », « Il a une idée à la minute », « Il nous a obligés à nous dépasser », « Cela m'a permis de voir les choses autrement », « C'était très intéressant », « Les débats étaient enrichissants », « Il nous a fait découvrir des choses »

Ce qu'ils risquent de dire

« On n'a pas assez creusé le sujet », « Ça partait dans tous les sens », « Je me suis senti largué », « C'était trop abstrait pour moi »

Ce que vous dites de vos stagiaires

« Ils avaient envie de découvrir », « Ils étaient créatifs », « Nous avons exploré beaucoup de concepts », « C'est un groupe moteur », « Ils ont compris d'eux-mêmes », « On a avancé vite », « Ils ont maintenant de nouvelles pistes d'action », « On n'a pas eu le temps de tout traiter »

Ce que vous risquez de dire

« Ils sont blasés », « Il a fallu les traîner », « Ils n'ont pas compris », « Il aurait fallu plus de temps », « Ils sont trop frileux » « Ils sont étroits d'esprit »

Votre rapport au métier

Former, pour vous, c'est quoi ? Vos croyances sur ce métier

Vous êtes le Marco Polo de la formation. Chaque stage, chaque groupe doit amener son lot de nouveautés, d'inédit. La formation, c'est le moyen de partager des connaissances : l'information doit être à la portée de tout le monde. Votre rôle est d'apporter ces connaissances, de les mettre en perspective, pour que chacun se les approprie. Il s'agit d'ouvrir les esprits, de changer d'angle pour réfléchir différemment à une problématique commune.

Il faut être actif, en mouvement, c'est la source de la motivation. Si les stagiaires ne vous suivent pas, ne jouent pas le jeu, il ne se passera rien. Vous devez les stimuler, quitte à jouer les contradicteurs, les idées doivent être brassées, il en ressortira toujours quelque chose.

Vous comptez sur votre énergie pour faire avancer le groupe. Vous avez devant vous une entité, qui doit être secouée, bousculée dans ses certitudes, la remise en question est la clé de l'ouverture à de nouveaux acquis.

Vous conditionnez la réussite de la formation au fait que les stagiaires ont découvert des choses ou non, se sont ennuyés ou au contraire ont été intéressés par le sujet. Pour vous, le formateur est un empêcheur de tourner en rond, quelqu'un qui apporte du sang neuf et motive des équipes pour avancer vers un objectif défini.

Cette vision du métier fait de vous un formateur visionnaire, énergique, qui ne laisse personne indifférent. Avec vous, la formation devient une aventure où tout peut arriver, et d'ailleurs, tout peut y arriver ! Si vous vous sentez suivi, vous allez bousculer les codes, créer un véritable laboratoire d'idées, donner les moyens à vos stagiaires de générer des solutions nouvelles, inédites et ambitieuses. Votre « kif » ? Laisser derrière vous des stagiaires, rêveurs, étourdis, bouche bée, en tout cas des stagiaires transformés !

Les risques sont de deux ordres :

- *concernant votre groupe, de vous laisser emporter par votre sujet et ne pas vérifier si « ça suit derrière ». Après la formation, vos stagiaires peuvent avoir le sentiment d'avoir vu quelqu'un de très intéressant, un expert, mais d'être restés au bord du chemin. Trop d'aura tue l'aura. Si vous ne modérez pas votre enthousiasme, vous risquez de vous rendre inaccessible. Et votre capacité à entraîner n'entraînera que vous-même... ;*
- *vous concernant, la haute idée que vous vous faites de votre métier peut vous amener à confondre objectif et contenu : s'il est important de répondre à la question « pour quoi ? », il va falloir un moment se retrousser les manches et travailler* a minima *le « comment », la pratique, la « méthodo ». Vous risquez d'assimiler votre ennui face au quotidien à l'opinion des stagiaires et de ne pas leur apporter assez de concret pendant la formation.*

Pourquoi former ?

Votre image ? UNE BOUSSOLE

Vous faites ce métier pour avancer, découvrir et faire découvrir de nouveaux territoires, pour donner à vos stagiaires des ailes pour explorer et sortir de leur quotidien.

La formation a vocation à remettre en question, faire naître la curiosité, créer l'envie de faire. Il ne s'agit pas d'apprendre, au sens strict du terme, mais de faire comprendre, les choses sont plus faciles quand elles sont incarnées, votre objectif est de faire toucher du doigt à vos stagiaires ce qu'ils vont obtenir en s'y prenant autrement.

Former pour vous est synonyme de bousculer, interpeller, sortir du cadre. Vous êtes formateur parce que vous disposez de connaissances qui peuvent aider des individus à s'élever, à sortir du lot, et que vous vous donnez les moyens de les leur transmettre avec énergie.

La formation est aussi un laboratoire où l'on peut tenter des choses innovantes, se tromper, essayer encore. L'important, c'est de tester des chemins différents, même si certains s'avèrent des impasses.

Enfin, la formation a un rôle culturel, elle permet à chacun d'obtenir de nouvelles pistes pour avancer, de se confronter à un ailleurs idéal pour se dépasser et se motiver.

Votre rapport aux autres

Qu'est-ce qu'un stagiaire ?

Votre réponse ? UNE INTELLIGENCE

Un participant est une personne, et une personne qui pense. Votre devoir est de l'alimenter, de la nourrir, de la mettre en mouvement.

Votre position par rapport au groupe peut varier : si vous vous sentez en confiance, que le groupe vous suit et va à votre rythme, vous allez vous positionner en « gagnant/gagnant ». Vous vous nourrissez de leur énergie autant que vous les nourrissez de la vôtre. Vous allez les entraîner avec vous, les impliquer en les interpellant, les titiller pour les faire réagir, en ayant toujours une solution à proposer pour faire avancer le groupe. Dans ce contexte, vous vous positionnez en tant que « passeur » d'idées et d'énergie. Si vous avez le sentiment que la sauce ne « prend » pas, que le groupe est passif voire hostile, vous allez vous positionner dans la position de vie « +/– », c'est-à-dire que vous allez vous voir en guide, qui détient un savoir qu'il est prêt à partager avec des « non-sachants ». Dans ce cas de figure, vous allez « passer les plats », sans vous préoccuper de savoir si les stagiaires se servent ou pas. Vous avez en effet besoin de l'énergie et de l'envie du groupe pour être le formateur que vous pensez qu'ils attendent.

Dans tous les cas, vous vous situez souvent dans la position de Napoléon sur le pont d'Arcole : « Viendez ma bande », sans vous préoccuper de savoir si cela suit ou pas derrière. En vous adressant toujours au groupe et non aux individus qui le composent, vous avez un comportement efficace de formateur, qui considère le groupe pour ce qu'il est, une addition d'entités qui pensent, et non en prenant les stagiaires individuellement.

Et l'adaptabilité dans tout ça ?

Vous êtes adaptable à la conversation, plus qu'aux individus. Vous êtes toujours prêt à changer de sujet, à sauter du coq à l'âne, l'association d'idées n'a pas de secret pour vous. Votre croyance profonde est que tout mène à tout, et qu'importe la voie que l'on emprunte pour parvenir à une conclusion, le chemin est plus intéressant que l'arrivée !

Cette adaptabilité à la conversation vous garantit des formations animées, avec des débats toujours passionnants, que vous savez relancer habilement en renvoyant chaque fois la balle dans votre groupe.

Cette capacité d'adaptabilité fait le charme de vos animations, les stagiaires se sentent écoutés, mis en valeur par votre capacité à voir au-delà des mots et à proposer de nouveaux sujets de conversation en réponse à leurs questions. Ils ont ainsi le sentiment de participer à une conversation foisonnante, sans jamais savoir vraiment où cela va vous mener.

C'est bien sûr la limite de l'exercice, vous pouvez vous laisser emporter par votre élan et faire du hors-sujet, ou bien tout simplement perdre le fil de vos idées. Même si vos stagiaires apprécient votre dynamisme et votre créativité, ils risquent d'avoir le mal de mer au bout d'un moment...

Dans votre monde, l'adaptabilité ne se fait pas à l'individu, cela serait antinomique avec votre vision de la formation, l'individu est dans un groupe et c'est parce que ce groupe avance avec chacun de ses membres que des résultats vont apparaître.

Pour profiter au mieux de cette capacité naturelle à vous adapter aux situations proposées par vos stagiaires, soyez aussi attentif aux personnes en tant que telles, pour ne pas « larguer » trop vite un stagiaire qui fonctionnerait avec une autre logique que la vôtre.

Stressé, vous ? Par qui ou par quoi ?

La prise de recul permanente induite par votre profil vous permet de limiter la casse en termes de stress occasionné. Vous pouvez même être légèrement distrait, et passer ainsi à côté de sources possibles de stress, sans les voir, tant mieux !

Votre stressabilité se manifestera avant tout en face de réactions d'indifférence. Vous n'avez pas peur du débat, voire du combat, mais ne supportez pas les réactions apathiques, ni un manque d'intérêt flagrant pour le sujet abordé.

Si vous disposez de suffisamment d'expérience, vous allez rapidement décadrer le sujet, proposer de l'aborder sous un autre angle, faire le choix d'en changer pour ramener l'attention des participants.

Attention cependant à ne pas esquiver certains thèmes qui demandent plus d'effort à vos stagiaires. Ne cédez pas à la tentation du ludique avant tout, un manque d'intérêt extérieur peut masquer au contraire un besoin de creuser le sujet ou de répondre à des questions en préalable à votre explication.

Enfin, pour certains, la remise en cause de vos connaissances, sur un sujet que vous maîtrisez parfaitement, peut être aussi une source de stress potentielle. Il faudra avoir alors à l'esprit de passer d'un mode explicatif, qui vous surexpose face aux autres, à un mode interactif, qui permet à chacun d'exprimer son point de vue.

Votre rapport aux outils

Quels contenus ?

Votre devise : « IDÉE CHIC, IMAGE CHOC ! »

Que l'on pourrait résumer par : un bon dessin vaut mieux qu'un grand discours.

Dans tous les cas, votre idée des contenus, c'est qu'ils soient explicites, quel que soit le moyen utilisé : image, métaphore, concept, cela sera vivant et toujours en rapport avec le sujet abordé.

Vous croyez beaucoup à l'autodécouverte, et favorisez tous les exercices hors contexte à « plantages », qui vont permettre aux stagiaires de comprendre par eux-mêmes le principe qui est sous-tendu. L'autodécouverte est pour vous un moyen privilégié de s'approprier un nouveau concept.

Vous associez volontiers entre elles des règles qui, seules, paraissent sans fondement, pour leur donner du sens, et les mettre en exergue par rapport au sujet. Une règle n'est utile que si vous en voyez un usage dans le quotidien de vos stagiaires. C'est l'une de vos grandes qualités, ne pas faire perdre de temps à vos stagiaires avec des concepts dont ils n'auront pas l'usage.

Vous partez de situations concrètes, pour embarquer vos stagiaires dans une spirale qui va aller en s'éloignant du quotidien pour remonter à la théorie, toujours applicable, quoique parfois un peu absconse.

Bien sûr, vous pouvez faire faire à votre spirale des cercles un peu trop larges, et oublier de refaire des liens avec la situation de départ. Du coup, vous risquez de créer un sentiment de frustration, de la part de stagiaires conscients d'avoir touché du doigt une notion intéressante, mais êtes dans l'incapacité de la resituer seul dans le contexte. Pensez toujours à « boucler la boucle » sur un sujet donné.

Vous allez volontiers utiliser tous les supports qui permettent de mettre en valeur vos propos, en privilégiant des accessoires high-tech, votre côté « geek » bien assumé ! Dans les cas extrêmes, votre mallette de formation ressemblera à la valise de Mary Poppins qui sort sans cesse de nouveaux accessoires pour intriguer et séduire son public.

À vous l'appropriation par le jeu, les exercices ludiques, le théâtre si le thème le permet. Vous croyez dans une pédagogie innovante, qui met en exergue la créativité de vos stagiaires.

Vous utilisez peu de théorie, dans le sens premier du terme, car, pour vous, l'appropriation se fait au travers de la réflexion et de la découverte. La théorie n'est là que pour confirmer au groupe ce qu'il a déjà expérimenté.

Et au moment d'expliciter un concept, votre façon de le mettre en perspective et/ou en image va favoriser la clarté de votre démonstration.

D'un groupe à l'autre, les contenus vont évoluer, pour les adapter au contexte, et aussi parce que vous trouvez sans cesse de nouveaux moyens de passer un même message. La reproduction à l'identique n'a que peu d'intérêt pour vous : en vous appuyant sur un fond solide, vous allez sans cesse expérimenter des formes nouvelles, ne serait-ce que pour être assuré de ne jamais vous ennuyer ! Le prétexte « Tous les groupes sont différents, donc je m'y prends différemment chaque fois » a bon dos ! En fait, vous détestez refaire deux fois la même chose. D'où une faible capitalisation sur ce qui marche. Sous le prétexte de faire mieux se cache chez vous le simple désir de faire « autre chose ». Un « autre chose » qui sera tantôt mieux... tantôt pas.

Quels documents ?

Deux sortes de documents alimentent vos formations.

Ceux préparés à l'avance, généralement sous forme PowerPoint. Souvent clairs et synthétiques, ils remplissent parfaitement leur fonction au sein d'une formation : être un appui concret aux messages à passer. Votre sens de l'esthétique vous aide à prioriser pour ne garder que « la substantifique moelle » chère à Rabelais. Vous aurez aussi pris soin de préparer des documents à distribuer, jeux et exercices, pour alimenter vos séquences pédagogiques.

Pour les stagiaires, en aval de la formation, c'est toujours sous une forme très synthétique que les documents leur seront fournis, tout de suite après la formation, ou... jamais ! En effet, comme nous le verrons plus loin, votre rapport au temps est plus orienté « demain » qu'« hier »...

Votre rapport aux méthodologies

Théorie/pratique

Votre interpellation préférée : « REGARDEZ ! »

Et en fait, qu'il s'agisse d'une démonstration ou d'une explication théorique, qu'importe ; l'intérêt est de découvrir quelque chose ensemble, maintenant. Du coup, les parties théorie/pratique sont souvent assez équilibrées dans vos animations. Le déséquilibre naîtra du temps passé en débat et échanges sur un sujet donné, qui pourra aussi bien être un concept théorique que le résultat d'une expérimentation.

Votre objectif est de donner du sens à ce que vous exposez. Chaque fois, vous allez donc vous interroger sur la meilleure manière de démontrer vos propos. Le choix ne s'opérera pas en fonction de la connaissance qu'ont vos stagiaires d'un sujet donné, mais de la méthode qui va vous sembler la plus propice à l'explication, à la mise en lumière du propos. Ainsi, selon le cas, vous choisirez de présenter un point théorique appuyé par un document projeté, ou de réaliser un exercice pour donner les moyens à vos stagiaires de découvrir par eux-mêmes ce concept. Soyez attentif à prendre en compte le niveau de connaissance préalable de vos futurs participants. Moins ils connaissent, plus ils auront besoin d'une base théorique solide.

La présentation théorique est le moyen de passer du « savoir ». L'expérimentation, l'autodécouverte alimentent le « savoir-être », le ressenti face à une situation ou un concept. C'est donc en général le « savoir-faire » que vous risquez de sous-évaluer. Les stagiaires ont besoin de s'entraîner concrètement, et en application directe avec leur contexte, pour assimiler pleinement de nouvelles notions. C'est à ce moment-là que vous allez pouvoir personnaliser votre formation et apporter des compléments d'information à ceux qui en ont besoin. Ne négligez pas cette partie de vos animations, même si elle vous semble poussive et dépourvue de « fun ».

Votre posture de formateur est souvent légèrement en retrait ou en exergue. Selon le thème, et bien sûr selon votre personnalité (qui n'est pas prise en compte dans cet ouvrage), vous allez soit vous effacer sur le côté pour laisser pleinement sa place au sujet, soit être le centre de l'attention, et vous positionner sous la lumière, sur une estrade, ou derrière une table détachée du groupe.

Projection/interaction

Le fameux proverbe : « Quand le sage montre la lune, l'imbécile regarde le doigt » (Confucius) vous va comme un gant.

Vous souhaitez amener votre groupe à regarder ensemble un point que vous lui désignez : c'est donc naturellement la projection qui correspond à votre mode de fonctionnement.

Ceci vous donne une vraie qualité en tant que formateur : laisser à chacun un espace de réflexion individuel, ce type d'animation favorisant la possibilité d'imaginer, de mettre en perspective les nouveaux acquis dans un contexte spécifique, unique pour chacun des stagiaires.

Vous bâtissez d'ailleurs votre module en réfléchissant à l'après, ce qu'ils doivent voir et savoir de nouveau pour améliorer leurs performances au quotidien.

Vous êtes cependant conscient de l'importance de la réflexion du groupe dans l'avancée pédagogique, ce qui vous porte à recourir régulièrement à l'interaction avec vos participants. Dans votre cas, elle se fera souvent entre les stagiaires, vous permettant de garder votre posture « extérieure », votre rôle de « guide », utile au moment du débriefing pour faire émerger des idées, des concepts.

En résumé, vous animez en mode projection dès que vous avez la main sur le groupe, et vous le laissez travailler en interaction de façon autonome.

Soyez attentif à rester connecté à vos stagiaires quand vous lancez des travaux en sous-groupes. À ce moment-là, ils ont souvent besoin d'être épaulés, pour recevoir un complément d'information ou des éclaircissements sur les attendus de l'exercice. En restant en retrait, vous prenez le risque du hors-sujet ou de la déconcentration de vos stagiaires.

Votre rapport au temps

Mode passé, présent ou futur ?

Votre constat : « ILS VOIENT MIEUX OÙ ILS VONT MAINTENANT »

Vous êtes clairement orienté *futur*. Alors que vous êtes focalisé sur votre objectif, les impératifs temporels sont souvent vécus comme une contrainte, dont vous faites assez facilement abstraction... C'est donc souvent au pas de charge que vous allez traiter les sujets, et c'est ainsi que vous risquez de perdre « vos petits » en chemin.

Combinez cela à votre propension à la distraction, ajoutez-y votre besoin de changer de méthodes régulièrement (et donc sans connaissance préalable du temps nécessaire à la séquence proposée), remuez bien, voici un cocktail explosif, spécial timing dépassé !

Heureusement pour vous, et pour vos stagiaires, votre point fort, c'est la préparation. Après tout, cette vision en mode futur fait que pour vous, demain, c'est aujourd'hui et que vous ne serez jamais autant concentré sur votre formation que... avant de l'animer !

Vous allez donc prendre le temps de réfléchir aux concepts, à leur intérêt pour le groupe, aux outils et méthodes à mettre en place, quitte, le moment venu, à les négliger pour les remplacer par ce qui vous semblera plus approprié sur le coup. Mais cette phase de préparation aura donné une colonne vertébrale à votre formation, vous fournissant une assise solide pour improviser par la suite. De plus, la préparation de documents PowerPoint ou autres supports descriptifs assurera des étapes incontournables pour ramener votre formation sur les rails.

Attention toutefois à ne pas laisser la notion de plaisir (ce que j'ai envie de faire) prendre le pas sur la notion de devoir (ce qu'il leur faut). Vos stagiaires sont en droit d'attendre de vous un travail approfondi, y compris sur des sujets moins propices à titiller l'intellect ou l'imaginaire, quel que soit le temps qui doit y être dévolu.

Globalement, et c'est un point fort dans votre profil, votre prise de recul dans les exercices d'interaction donnera les moyens au groupe de se réapproprier régulièrement le tempo, et donc en général de ralentir le rythme.

Planification

Ce domaine est-il vraiment un point fort de votre profil ? Vous aurez souvent à cœur de mettre sur le papier des timings précis pour votre animation, qui seront systématiquement contrariés le moment venu par un apport supplémentaire que vous jugerez indispensable sur le coup, et du temps accordé à un débat passionnant, quitte à être légèrement hors sujet...

Pour vous, planifier, cela veut dire préparer des contenus, des thématiques, et voir sur le terrain comment cela va s'organiser selon le contexte.

Ces possibilités d'improvisation sont autant de manières de vous adapter à votre groupe, et en cela vous serez dans la posture du formateur promoteur, dynamique et passionnant.

A contrario, *votre prestation sera toujours du domaine du* « one shot », *et les contenus d'un stage vont varier considérablement d'une animation à l'autre, avec des risques d'atteinte de résultats peu homogènes, d'un groupe à l'autre, sur un même sujet.*

Appuyez vous sur vos explications théoriques pour vous donner des repères temporels, et ne transigez pas avec le temps nécessaire pour la mise en pratique des sujets abordés. Il vaut mieux garder en réserve pour une prochaine intervention un concept passionnant, mais hors de la sphère de compétences de vos stagiaires, que de leur donner à manger des poissons qui nagent dans d'autres eaux que la leur, en oubliant de leur apprendre à fabriquer une canne pour la pêche qui les nourrit quotidiennement.

Pensez enfin que la planification vaut aussi pour l'après. Dès le lendemain d'une formation, vous allez vous tourner vers votre prochaine animation, au risque d'oublier de finaliser ce qui a été promis, tel que l'envoi de documents post-stage. C'est aussi dans sa capacité à tenir ses engagements qu'un formateur est jaugé par son groupe et l'enthousiasme soulevé sur le coup peut retomber tel un soufflet s'il n'est pas suivi d'effet après coup.

La carte heuristique de votre profil

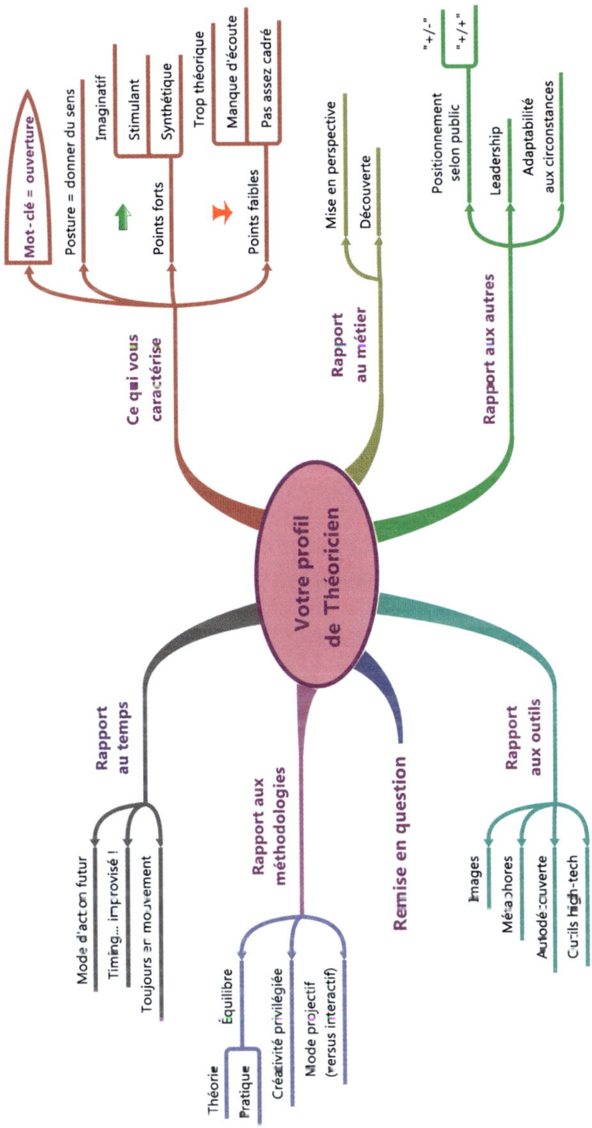

En résumé…

THÉORICIEN	Préparer une formation	Animer une formation	Assurer le suivi d'une formation
Compétences de base	★ ★ ★	★ ★ ★	★ ★ ★
Points forts	Visuels de qualité. Réflexion approfondie sur les contenus, beaucoup de matière. Action inscrite dans le temps, envisage le long terme. Va chercher les infos utiles à la préparation.	Charisme. Enthousiasme, plaisir réel de partager des connaissances. Pédagogue. Clair dans ses explications. Crée de l'envie et de la réflexion. Fait sortir du carcan des habitudes.	Fournit des éléments pour comprendre (bibliographie, références). Synthétique.
À travailler	Réflexion sur le plan, la structure de l'intervention. Compréhension du besoin du client, sans interprétation personnelle.	Cohérence des enchaînements de séquences. Liens concrets entre la théorie et la pratique. Adaptabilité au niveau de chacun.	Étayer les contenus avec des exemples concrets. Tenir ses engagements après la formation. Prendre le temps d'un reporting efficace.
Angles morts	Niveau réel et non imaginé du futur groupe.	Sujets traités trop conceptuels, hors cadre des besoins des stagiaires. Coq-à-l'âne dans les explications.	S'assurer de la facilité de mise en action des sujets traités pendant la formation.

Si votre second score est

Professeur

Vous y gagnez

En crédibilité, concernant la partie théorique de vos apports : vous avez les arguments *ad hoc* pour fiabiliser vos concepts, ce qui vous rend plus solide dans votre démonstration. Vos stagiaires ne sont plus obligés de vous croire sur parole, ils ont des exemples et des faits vérifiables en regard de vos propositions.

Ce profil va aussi vous aider à ne pas trop « décoller » du sol, vous avez une conscience aiguë de l'importance de la rentabilité de toute action, présente ou future, qui va vous éviter de trop vous écarter du chemin des possibles, pour vos stagiaires. Vous ferez ainsi sans cesse des allers-retours entre l'importance de s'appuyer sur des concepts expérimentés et l'intérêt de chercher à faire évoluer en permanence lesdits concepts.

Attention à...

Ne pas perdre vos stagiaires de vue ! Ces deux profils sont tournés vers la réflexion, l'intellect, et peu orientés vers l'affect : vous risquez de ne pas voir le fossé se creuser avec vos stagiaires pour une raison X ou Y, ou simplement de passer à côté d'une incompréhension qui aurait pu être facilement évitée avec un peu d'attention au groupe de votre part.

Praticien

Vous y gagnez

De savoir atterrir de temps en temps : vous ressentez en effet le besoin de confronter vos idées au quotidien de vos stagiaires, et allez prendre le temps d'échanger avec eux sur le sujet et de les faire travailler sur des exercices pratiques liés à leur activité. Vous saurez réfréner votre enthousiasme lyrique, en pensant aux conditions matérielles dans lesquelles évoluent vos stagiaires, et aux freins qu'elles vont générer dans l'application des acquis de votre formation.

Vous allez aussi gagner en rigueur, sur le plan de l'organisation pratique et du respect des horaires notamment, évitant ainsi l'image pas forcément positive de « professeur Nimbus » qui pourrait vous être attribuée sans cela.

Attention à...

Utiliser vos qualités d'organisation à bon escient, c'est-à-dire pas seulement pour les sujets qui vous plaisent. Nul doute que vous saurez sans peine organiser très correctement un atelier créatif pour vos stagiaires tout en faisant preuve de la même rigueur pour la partie administrative de votre activité...

Animateur

Vous y gagnez

De l'empathie par rapport à vos stagiaires : vous êtes naturellement tourné vers vos participants et, pour le coup, vous n'oubliez jamais de regarder par-dessus votre épaule pour voir si tout le monde vous suit. Cette adaptabilité aux gens vous donne des moyens supplémentaires pour « sentir » votre groupe et voir dans quelle mesure vos apports sont adaptés ou non pour modifier ainsi votre animation au fur et à mesure.

Vous vous intéressez aux stagiaires en tant que personnes, plus seulement en tant que membres d'une entité appelée « groupe » et vous allez facilement vous impliquer dans leurs échanges, prendre le temps de les faire parler d'eux et de leurs motivations. Cette proximité donne un ancrage certain à vos apports, chacun se sentant concerné, en tant qu'individu, par vos propos.

Attention à...

Ne pas oublier ce qui vous réunit dans la salle de formation : un contact aisé avec les personnes, associé à votre propension à vous tourner vers demain, risque de vous éloigner de votre sujet pour travailler, ensemble, sur quelque chose qui vous intéressera tous beaucoup plus, mais ne vous permettra pas de tenir vos objectifs par rapport à vos commanditaires.

Partie 2

Améliorez vos formations

Le métier de formateur s'exerce en trois temps : préparer ses animations, animer le module et assurer le suivi de la formation. Selon votre profil, vous avez, ou non, des compétences de base dans l'un ou l'autre de ces domaines. Nous les avons spécifiées à trois niveaux :

Vous avez ★ ★ ★, vous êtes naturellement compétent dans ce domaine, nos conseils porteront uniquement sur les angles morts recensés à la fin de chaque résumé de profil de la partie 1.

Vous avez ★ ★, vous pouvez progresser sur certains points. Nous vous proposons des méthodologies adaptées à votre profil pour gagner en efficacité.

Vous avez ★, il vous faut travailler spécifiquement ce domaine. Nous vous expliquons ce que vous devez faire, selon votre profil, pour vous améliorer.

Lisez attentivement l'ensemble des informations recensées pour votre profil, puis, si vous souhaitez plus de détails sur un point précis, reportez-vous au chapitre 9 qui synthétise les points fondamentaux du métier de formateur.

5
Le profil « Professeur », *gagnez en proximité…*

Préparez vos animations

COMPÉTENCES DE BASE : ★ ★ ★

Angles morts : connaissance et prise en compte des futurs stagiaires et de leurs problématiques concrètes.

Recueillez les attentes de vos futurs stagiaires

Interviewez un échantillon représentatif des stagiaires, défini au préalable avec leur hiérarchie : trois ou quatre personnes issues de différents sites, à interroger individuellement ou dans le cadre d'un groupe de travail constitué à cette occasion. Selon les circonstances, cet échange aura lieu sur place ou par téléphone.

Interrogez-les sur les spécificités de leur métier par rapport au sujet qui va être traité, vérifiez leur niveau d'information sur la formation à venir, questionnez-les sur leurs attentes précises et individuelles. Recueillez tous documents qui pourront vous être utiles pour personnaliser votre intervention (cas pratiques, copies d'écran, documentation produits...).

Vous pourrez ainsi personnaliser votre module, en prenant en compte le vécu et les besoins de vos futurs stagiaires. Sans modifier fondamentalement votre intervention, vous l'adapterez à votre public et gagnerez ainsi en pertinence et en efficacité. Par exemple, n'hésitez pas à utiliser des situations issues du terrain pour illustrer vos propos, pendant une démonstration. Quel que soit le sujet, les gens sont plus attentifs quand on leur parle d'eux et de leur réalité, la formation n'échappe pas à cette règle !

Si vous estimez que le fossé est trop grand entre les demandes des managers et les besoins exprimés sur le terrain, n'hésitez pas à revenir vers vos commanditaires pour faire le point : vous êtes le garant des acquis de vos futurs stagiaires, vous vous devez de défendre leurs besoins, dans la mesure où ils vous semblent justifiés. Proposez par exemple une version aménagée, d'un niveau plus ou moins élevé par rapport à ce qui était prévu initialement.

Variez les séquences pédagogiques : pour comprendre, il faut aussi mettre en pratique !

Votre programme de formation doit être décliné au travers des objectifs pédagogiques définis en préambule[1]. En plus des objectifs de savoir (« Apprendre à... », « Comprendre comment... », Savoir...), rédigez des objectifs de « savoir-faire ». Ils vous donneront le cadre des séquences de mise en pratique, indispensable pour ancrer de nouveaux savoirs. Pour les bâtir, réfléchissez aux séquences pour lesquelles un entraînement immédiat sera clarifiant : utilisez des verbes d'action, par exemple : « Reproduire un schéma », « Fabriquer son propre argumentaire », « Faire un lexique spécifique »...

Prévoyez les activités en lien avec ces objectifs : exercices individuels, mises en situation en sous-groupes, travail collectif... Pour les préparer, utilisez les informations obtenues auprès des stagiaires pendant le recueil des attentes.

Prenez en compte les rythmes d'apprentissage dans votre timing

L'attention de l'être humain n'est pas constante, et notre cerveau est plus ou moins réceptif selon les heures. Tout comme les enseignants, vous devez donc adapter votre programme selon les heures, pour être toujours sûr d'avoir une attention optimum de la part de vos stagiaires[2]. Dans tous les cas de figure, ne prévoyez aucune séquence importante en début ou en fin de journée, moments où l'attention n'est pas encore au rendez-vous, ou en train de diminuer...

Pensez surtout toujours au redoutable moment de la digestion, en début d'après-midi : prévoyez une séquence légère (jeu, échange questions/réponses) pour remettre la machine en marche...

---

1. *Cf.* chapitre 9, « La préparation ».
2. *Idem.*

Autant que possible, testez le déroulé de vos séquences pour en valider le timing. Prenez le résultat et ajoutez-y systématiquement 10 % de temps supplémentaire. Vous le mettrez à profit pour créer de l'espace pour les échanges et les questions. Vous générerez ainsi une véritable interaction avec les participants.

Par exemple, dans le cas des exposés théoriques, ce sera l'occasion pour eux d'éclaircir le contenu par le jeu des « questions/réponses », et pour vous de valider l'impact réel de votre formation. À la fin des parties pratiques, il s'agira de recueillir l'opinion des stagiaires sur ce qu'ils viennent de vivre : ce débriefing « remontant » est un moyen très efficace de mémorisation pour les participants.

Animez votre module

Compétences de base : ★

À travailler : l'interaction avec les personnes, échanges avec les stagiaires, réalisation d'exercices pratiques régulièrement, adaptabilité aux personnes et aux circonstances.

Démarrer votre formation

Dès l'accueil, créez un climat favorable à l'apprentissage

Avant tout, allez au-devant de vos stagiaires : pour un premier contact personnalisé, donnez votre prénom, demandez le leur (sauf si votre animation est dans un cadre très formel). Si votre stratégie impose des places précises, notez-les à l'avance sur des chevalets, dans le cas contraire, laissez-leur le choix de leur placement.

Notez un message d'accueil sur le *paperboard,* les stagiaires sont unanimes pour dire que cela crée un *a priori* positif quand ils entrent dans une salle.

N'hésitez pas à échanger quelques banalités avec eux, pour « rompre la glace » : un nouveau stage peut être source de stress pour vos participants, ce premier contact est primordial pour les mettre en posture d'ouverture par rapport à vous et à vos contenus. Les quelques minutes que vous allez y consacrer vous feront gagner un temps précieux pour la suite de votre animation !

Appuyez-vous sur les présentations pour rompre la glace

Le démarrage de la formation est un moment délicat à gérer. Les participants ne sont pas à l'aise. Ils ne savent pas encore à quoi s'attendre, et sont peut-être là sans en avoir fait la demande. Prendre la parole au sein d'un groupe est un exercice compliqué pour certains. Le fait de pouvoir s'exprimer rapidement va faciliter leur prise de parole ultérieure. Avec ce premier tour de table, vous allez permettre à chacun de se positionner au sein du groupe.

Commencez par vous présenter ; sobrement, vous devez simplement légitimer votre présence : expliquez en quelques mots votre parcours, votre expérience sur le sujet concerné et en tant que formateur.

Demandez ensuite, *a minima*, à chacun de se présenter rapidement : prénom/nom, entreprise ou service (si stage intra), expérience dans le métier ou ayant un lien avec la thématique, stages déjà suivis sur le thème. Ces informations vous seront précieuses pour personnaliser vos contenus par rapport à ce groupe.

Selon le temps dont vous disposez, et l'implication visible ou non de vos stagiaires, vous pouvez décider de consacrer plus de temps au tour de table de présentation[1]. Si le temps vous est compté, vous pouvez profiter de ce tour de table pour recueillir dès à présent les attentes individuelles de vos participants.

Un « truc » pour retenir les prénoms de vos stagiaires : dessinez sur une feuille un arc de cercle reprenant la configuration de la salle. Demandez à chacun de vos stagiaires de se nommer, uniquement par son prénom, puis, à partir du second, de répéter, dans l'ordre, les prénoms de ceux qui se sont exprimés avant lui, ce qui donnera : « Julien », « Julien, Stéphane », « Julien, Stéphane, Anne-Lise »... Notez leur prénom à la place correspondante sur votre croquis, répétez-le à haute voix en les regardant, et ajoutez un « bonjour » personnalisé chaque fois. Vous utilisez ainsi la plupart de vos sens en écrivant, entendant, disant le prénom tout en voyant la personne, c'est le moyen le plus sûr de mémoriser tous les prénoms en quelques minutes !

1. *Cf.* chapitre 9, « L'animation ».

Ne faites jamais l'impasse sur les attentes

Règle d'or de la formation : ne *jamais* démarrer un stage sans avoir recueilli les attentes des stagiaires. D'une part, pour valider l'adéquation entre ce qui est prévu et ce qui est attendu, et ce quelle que soit la qualité de la préparation que vous avez réalisée. D'autre part, car vos stagiaires viennent avec dans la tête des attentes, peut-être hors sujet, qu'ils ne vont pas forcément oser exprimer en début de session. Si vous ne leur donnez pas la parole, ils vont attendre sans résultat une réponse à leur question, jusqu'à « lâcher » l'attention à vos propos, à un moment ou à un autre.

La méthode la plus simple et la plus rapide consiste à demander à chacun de noter ses attentes, puis à faire un tour de table pour les recueillir. Le fait d'avoir demandé de les noter à l'avance vous évitera le fameux « comme les autres » au bout de la troisième personne !

Prenez le temps de faire « naître » votre groupe

Tout votre stage va dépendre de ces premières heures, prenez le temps qu'il faudra pour « installer » le groupe, aucun acquis pédagogique ne sera envisageable tant que cette étape ne sera pas franchie.

Repérez le positionnement de chacun : la posture des uns et des autres en dit long. Celui ou celle qui arrive avec des réticences et l'envie de contester se met en général face à vous. La place la plus à gauche de vous est une place que vous allez avoir tendance à négliger (pas dans votre champ de vision naturel) et elle est souvent occupée par quelqu'un de réservé. Les personnes sur la défensive ou qui ne souhaitent pas s'impliquer croisent les bras et sont en retrait de la table. Les impliqués, au contraire, s'installent et étalent leurs affaires. Globalement, plus la posture est détendue (jambes allongées, bras sur la table) plus la personne l'est également, l'inverse (jambes serrées, bras serrés sur la poitrine, en arrière sur la chaise) est souvent vrai aussi !

Passez de la réunion de X personnes à la création d'une « entité » : votre groupe. Dès le début, regardez chaque personne régulièrement, interrogez le groupe, proposez à chacun de rebondir sur les propos les uns des autres. Privilégiez rapidement les exercices en sous-groupes pour permettre des échanges. Ne vous laissez jamais enfermer dans une relation individuelle avec un stagiaire, prenez toujours le groupe à témoin, faites-le réagir systématiquement.

Créez une complicité avec des anecdotes du type « celui qui fait toujours tomber son crayon, celle qui est dans la lune », tout cela dans un climat bienveillant, pour que le groupe se crée une identité propre. Et à un moment, indéfinissable de l'extérieur mais parfaitement reconnaissable de l'intérieur, ça y est, le groupe existe et fonctionne comme une entité, votre stage peut commencer !

Trouver son sauveur. Tout groupe possède un sauveur, celui sur qui le formateur pourra compter en cas de difficultés. Il suggérera des idées si vous êtes en panne, rebondira sur vos propos quand vous êtes fatigué, vous soutiendra en cas de polémique ou s'abstiendra d'y participer. Il n'est pas toujours facile à détecter, ce n'est pas forcément celui qui est toujours d'accord avec vous, il est au contraire plutôt en retrait mais en éveil. Pour le reconnaître à chaque fois, repérez quelqu'un qui est attentif, approuve certains de vos propos régulièrement et prend naturellement une posture de « régulateur » par rapport aux autres.

Faire vivre vos contenus

Alternez les méthodes pédagogiques pour donner de l'oxygène à votre animation

Votre exposé doit être vivant, pour garder l'attention de vos stagiaires et leur donner les moyens d'engrammer au fur et à mesure de nouvelles connaissances. Pendant votre exposé, vous regardez vos stagiaires, à tour de rôle, en interagissant par le regard, le sourire ou un geste, de façon à constamment solliciter leur attention. N'hésitez pas à vous interrompre si vous voyez un froncement de sourcils ou un geste indiquant une incompréhension. Certaines questions peuvent être traitées en fin d'exposé mais vous devez vous assurez de la bonne compréhension de chacun régulièrement, sous peine de « perdre » quelqu'un en cours de route ! Sollicitez la personne concernée et, selon la nature de la question, proposez de répondre à la fin ou éclaircissez tout de suite le point soulevé. Bougez, ne soyez pas statique, donnez de la dynamique à votre exposé.

Les travaux en sous-groupes vont apporter une « respiration » à vos exposés, et renforcer l'implication de vos participants. N'hésitez pas à répartir les sous-groupes dans plusieurs salles : l'intimité d'un petit groupe va favoriser la prise de parole, pour les plus réservés. Prévoyez des travaux en sous-groupes de trois quarts d'heure à une heure afin que les idées aient le temps d'émerger et d'être mises en forme par le groupe concerné[1].

Soyez attentifs à faire des groupes suffisamment réduits pour que tout le monde participe. Tournez dans les groupes, questionnez, creusez les sujets abordés pour que les idées s'enchaînent. Nommez systématiquement un « rapporteur » et vérifiez qu'il prend des notes tout au long de l'exercice. À la fin du temps imparti, demandez aux rapporteurs de faire à l'oral un débriefing du travail réalisé, et faites vous-même une synthèse au *paperboard* (éventuellement sous forme de carte heuristique[2]).

Soyez pédagogue, variez les modes d'évaluation[3]

Nous vous proposons en fin d'ouvrage différentes méthodes faciles à mettre en œuvre pour évaluer au fur et à mesure les acquis de vos stagiaires. Considérez ces exercices comme un thermomètre, qui va réguler la température de votre animation. Chaque étape validée vous permet de passer à la suivante avec la certitude d'être compris par l'ensemble de vos stagiaires, et de gagner ainsi en temps et en efficacité. Alternez principalement les techniques de questionnement et de mise en pratique, centrées sur les thématiques concernées par votre formation.

Gérer le groupe

Soyez attentif au non-verbal : le vôtre et celui de vos stagiaires...

Pour le formateur

Assis ! La position assise, qui vous met symboliquement au niveau du groupe, se justifie soit si vous souhaitez vous mettre en retrait, pendant une séance de travail individuel par exemple, soit pendant un échange où vous souhaitez vous positionner en « +/+ »[4] par rapport à vos stagiaires. Chaque fois que l'occasion se présente, allez vous asseoir à la place de l'un de vos stagiaires, par exemple pendant qu'il présente un exercice. Le fait de voir votre salle de son point

1. *Idem.*
2. *Cf.* bibliographie (p. 119), pour en savoir plus sur les cartes heuristiques.
3. *Cf.* chapitre 9, « L'animation ».
4. Position d'égalité. Voir « les positions de vie » en analyse transactionnelle.

de vue vous apporte un éclairage nouveau et vous permet, si besoin est, de reconfigurer la salle ou votre positionnement personnel.

Debout ! Soyez debout pour passer les messages importants ou décliner un nouveau concept. La position idéale est : jambes légèrement écartées, bras écartés, le long du corps, mains en avant, à hauteur des hanches, position qui favorise le non-verbal et la mise en mouvement des gestes en fonction des paroles[1]. Bougez régulièrement, le mouvement maintient l'attention de l'auditoire, vos stagiaires doivent constamment vous suivre du regard. Quand vous écrivez au *paperboard,* pensez bien à être systématiquement de profil par rapport à votre groupe, pour maintenir le contact visuel. En tout état de cause, soyez comme le dompteur, ne tournez *jamais* le dos à votre groupe : rompre le contact visuel, c'est consciemment ou inconsciemment rompre la communication...

Pour les stagiaires

Repérez les signes d'intérêt : regard qui vous suit sans cesse, approbation de vos propos par un hochement de tête, prise de notes « frénétique », sourires, corps positionné en avant sur la chaise, coudes sur la table avec le visage dans les mains, peu de mouvements du corps.

Et de désintérêt (!) : regard fuyant, visage fermé, attitude en retrait sur la chaise, bras serrés devant le corps, lèvres pincées, occupation autre telle qu'envoi de SMS ou lecture d'un document, beaucoup de mouvements sur la chaise.

Favorisez les interactions avec le groupe

Les mots-clés de la posture idéale : disponibilité, ouverture, écoute, questionnement, relance, reformulation, synthèse.

Soyez compréhensible : mettez-vous à la portée de votre groupe. Si vous devez employer des termes techniques, explicitez-les au moins une fois, même s'ils sont censés être connus : « Je vous rappelle que “omniscient” veut dire... » Décomposez vos explications en plusieurs parties, validez la compréhension des stagiaires au fur et à mesure. Ne soyez pas trop long dans vos explications, le cerveau « décroche » d'autant plus facilement que le concept est dur à assimiler...

1. *Cf. Votre profil d'orateur* dans la même collection.

Adaptez-vous aux situations. Si le groupe est bruyant, pour faire le silence, taisez-vous en les regardant et attendez que le calme revienne. Évitez les « chut » qui vous mettraient dans une posture d'instituteur. Si au contraire le groupe a du mal à participer, privilégiez les sous-groupes, pour que la parole circule plus facilement et nommez des rapporteurs pour remonter le travail du groupe.

Soyez ouvert à la contradiction : vous avez le droit de ne pas être d'accord, ne soyez pas en opposition pour autant. Dites : « Je comprends votre point de vue », « C'est une autre façon de voir les choses », ou retournez l'argument au groupe : « Qu'en pensez-vous ? » si cela vous semble trop décalé par rapport à vos propos. Évitez les « non », « vous vous trompez », « c'est inexact ! ».

Restez à l'écoute : soyez attentif lorsqu'un de vos stagiaires s'exprime, accusez réception de ses propos « je comprends », « bien sûr » « c'est vrai »... et reformulez-les synthétiquement ou questionnez-le pour bien comprendre. Évitez les jugements de valeur, le groupe compte sur vous pour conserver une neutralité de point de vue dans les échanges.

Évitez tout ce qui peut induire une situation de tension : apport théorique trop long, non-respect des règles édictées en début de session, manque d'écoute, alliances avec certains stagiaires ou, a contrario, *choix d'un bouc émissaire, désapprobation des propos tenus (sur le fond du discours), ironie, humour déplacé.*

Gérez avec souplesse les situations difficiles

Les « personnalités »[1] : vous allez être confronté à différents modes de fonctionnement dont certains vous seront plus difficiles à comprendre que d'autres. Dans votre cas, apprenez à gérer principalement les « bavards », les « contradicteurs » et les « boute-en-train », qui ont tendance à vous déstabiliser. Ils peuvent être tout autant impliqués que les autres, mais avec un mode de communication très éloigné du vôtre ! Ne vous contentez pas de les ignorer, cela ne ferait que renforcer le problème !

1. *Cf.* chapitre 9, « L'animation ».

Les conflits entre stagiaires : ne prenez jamais parti. Rappelez les règles de vie, en particulier la bienveillance, laissez le groupe réguler le problème ou proposez de différer le débat conflictuel à la pause. Si les échanges deviennent violents, demandez fermement aux protagonistes de sortir.

Conclure votre intervention

Aidez vos stagiaires à se fixer des objectifs individuels

Validez l'adéquation entre l'objectif fixé et la réalité du terrain sur lequel intervient le stagiaire concerné. Questionnez-le, vérifiez qu'il aura les moyens de mettre en œuvre cet ou ces objectifs dans le cadre de son travail.

Prenez le temps d'un tour de table final

Vous vous devez de le faire systématiquement avant l'évaluation écrite. Il a pour objet de faire émerger des points d'interrogation encore existants, ou d'échanger entre stagiaires sur les acquis de la formation. Il va vous éviter des surprises à la lecture des comptes-rendus écrits, soit parce que vous ne comprendrez pas ce que veut dire le stagiaire, soit parce que cela révélera une incompréhension de sa part qui aurait pu être régulée par le groupe à l'oral.

Faites un bilan exhaustif des attentes

Considérez-la comme une vraie séance d'échange avec vos stagiaires et demandez-leur de valider, ou non, l'atteinte des objectifs que vous vous étiez fixés avec le groupe. Reprenez les attentes une à une, validez si une réponse y a été apportée, et sinon pourquoi. Plus qu'une formalité, il s'agit bien de la conclusion de votre animation, et de la qualité de ce débriefing va découler en partie la mémorisation du stage pour vos stagiaires.

Vous avez pu évoquer de nombreux points pendant la session, et ce recadrage est indispensable pour les remettre en mémoire au groupe, et donner à chacun les moyens de faire des liens pertinents avec les attentes qu'il a énoncées en début de stage.

Assurez le suivi de votre intervention

COMPÉTENCES DE BASE : ★ ★

Points de progrès : ajouter des exemples personnalisés aux livrets stagiaires. Gérer les échanges après la formation.

Finalisez le livret stagiaire avec le travail réalisé en formation

Vous avez bien sûr créé le livret de vos stagiaires à l'avance. Si vous avez réalisé des exercices pratiques pendant le stage, qui vous semblent utiles à faire partager, mettez à jour votre livret juste après la formation. Idéalement, mettez-le même à jour pendant la session, au fur et à mesure. Chaque partie pratique servira de résonance aux points de théorie que vous avez apportés, et permettra d'amplifier la mémorisation, *a posteriori*.

Assurez le service après-vente !

Dans un premier temps, envoyez un message d'encouragement à vos stagiaires juste après la formation, pour les inciter à démarrer rapidement leur mise en pratique. Sur certains stages impliquant un grand nombre de participants en plusieurs groupes, il est envisageable de créer un forum informatique pour prolonger les échanges entre eux et avec vous. Dans ce cas, limitez votre intervention à la réponse aux questions posées.

Si l'un de vos stagiaires prend l'initiative du contact pour vous remercier de votre intervention, accusez réception avec bienveillance. S'il souhaite une information complémentaire, répondez-lui si elle entre dans le cadre de votre formation, et invitez-le à se tourner vers ses managers pour toute autre information.

Passez le relais aux managers

Vous avez laissé vos stagiaires sur le bord de la route, avec de nouvelles connaissances mais pas ou peu d'entraînement terrain. Statistiquement, les acquis mis en œuvre sous quinze jours sont ceux qui vont être intégrés le plus complètement par vos stagiaires. Le passage de relais aux managers est donc indispensable pour mettre en œuvre l'après-formation. Mettez-les en copie des documents envoyés aux stagiaires, partagez avec eux sur les points de progrès constatés et les points d'achoppement à retravailler sur le terrain.

Ne faites jamais un compte-rendu individuel sur un stagiaire, vous vous devez de respecter la confidentialité des échanges.

Faites évoluer le module au fil du temps

Tenez compte des retours d'expérience recueillis « à chaud », pendant le dernier tour de table. Ajoutez ou retirez les séquences qui ont manqué, ou, *a contrario,* celles qui n'ont pas d'intérêt pour vos stagiaires. Notez sur votre déroulé les exemples donnés par vos stagiaires qui « illustrent » une situation donnée, vous pourrez les partager à votre tour avec le groupe suivant.

Si une séquence n'a pas pris, ou a généré de l'incompréhension, réfléchissez aux causes : trop long, trop court, trop théorique, pas assez explicatif ? Revisitez votre module pour valider la logique des séquences. Une information pertinente passée au mauvais moment achoppera forcément.

6

Le profil « Praticien », *gagnez en hauteur de vue…*

Préparez vos animations

COMPÉTENCES DE BASE : ★ ★ ★

Angles morts : se concentrer uniquement sur les contenus, négliger les objectifs.

Prenez du recul : Où veut-on aller ?

Questionnez le commanditaire (par téléphone ou de visu) et/ou les N+1 sur les attendus précis de la formation : quels sont les indicateurs de résultats prévus ? Pourquoi cette formation est-elle programmée ? Quelles relations les équipes entretiennent-elles avec le management ? Quelles sont les réticences éventuelles par rapport à ce stage ?

Ne restez pas concentré sur le module en lui-même. En plus d'obtenir des informations sur ce que les stagiaires devront savoir faire après la formation, questionnez vos interlocuteurs sur les objectifs : dans quel but ? Est-ce nouveau ? Les stagiaires sont-ils au courant des changements de stratégie ? C'est à vous de valider si le contenu prévu correspond bien aux besoins : creusez l'information, demandez des exemples concrets de réalisation future : pour chaque acquis, validez l'usage que les stagiaires en auront dans leur quotidien. Et pensez à vous assurer qu'ils sont informés des changements en cours.

Mettez en adéquation les objectifs et les contenus

Connaître les objectifs finaux de l'action vous permettra de mesurer le fossé entre les connaissances actuelles et les besoins futurs. Vous aurez ainsi le cadre des nouvelles connaissances/compétences à acquérir par les stagiaires.

Musclez votre module avec des contenus théoriques : des séquences liées aux objectifs de « savoir », qui concernent les nouvelles acquisitions (les verbes qui qualifient les objectifs de savoir sont par exemple : connaître, découvrir, apprendre...). N'hésitez pas à introduire des notions nouvelles dans votre module. Vos participants ne doivent pas seulement s'entraîner à mieux faire, ils sont aussi là pour acquérir de nouvelles connaissances, qu'ils auront l'occasion de mettre en pratique après la formation.

Créez un livret facilement utilisable pour vos stagiaires

Prévoyez dans tous les cas un livret « allégé », ne reprenant que les points principaux. Les livrets trop « copieux » ont une fâcheuse tendance à prendre la poussière au fond d'un tiroir. Soyez synthétique. Relisez la partie théorique pour valider que tout le contenu est en adéquation avec le sujet traité : s'il est intéressant de laisser quelques informations non traitées en stage pour la culture générale de vos stagiaires, il est inutile de les surcharger d'informations théoriques.

Votre livret doit servir à remettre en mémoire de vos stagiaires les points clés de la formation, pas son contenu exhaustif. Vous pouvez choisir d'intégrer les exercices pratiques au sein du livret, ou de créer des documents que vous remettrez au fur et à mesure. Pensez aussi à l'utilité du document « pense-bête » format A5. Il reprend les points majeurs de la formation, sur un document recto verso et peut être plastifié : le stagiaire l'a sur son bureau, à portée de mains.

Découvrez le suivi Internet : un certain nombre de sociétés proposent aujourd'hui des plates-formes permettant un suivi personnalisé des stagiaires assorti de l'envoi de fiches de « bonnes pratiques » qui remplacent avantageusement un book classique[1].

1. *Cf.* bibliographie en fin d'ouvrage.

Animez votre module

COMPÉTENCES DE BASE : ★ ★

Points de progrès : être plus synthétique dans les exposés. Laisser les participants expérimenter d'autres méthodes.

Démarrer votre formation

Testez des modes de présentation décalés

Vous savez déjà faire des présentations « classiques ». Dans certains cas, il vous faudra aller plus loin pour déstresser un groupe, ou apporter une note ludique au démarrage d'un stage difficile. Plus vos stagiaires se sentiront à l'aise rapidement, plus ils seront attentifs et participatifs[1].

Nous vous proposons un choix de présentations « originales » qui enrichiront vos démarrages de formation. Testez par exemple, devant un groupe qui se connaît déjà, les présentations croisées en dessin ou le « quelque chose qui va étonner le groupe ». Si le temps vous est compté, vous pouvez aussi tout simplement réaliser un portrait chinois. Ces méthodes sont détaillées en fin d'ouvrage.

N'hésitez pas à renouveler vos modes de présentation, vos stagiaires font régulièrement des stages en entreprise, vous devez éviter tout réflexe d'usure, surtout au démarrage !

Faites des attentes stagiaires votre boussole de formation

Les attentes de vos stagiaires vont être la base du contrat que vous passez ensemble. Vous devez tout de suite valider leur pertinence par rapport au stage prévu, pour éviter toute déception ultérieure. Faites-les s'exprimer, à l'oral ou sur des Post it, puis reprenez-les une à une en les regroupant par thème. Vous pouvez d'ailleurs utiliser l'outil « carte heuristique »[2] pour gagner encore en clarté. Cette carte synthétique restera accrochée dans la salle et sera un rappel constant, pour vous et pour les stagiaires, des objectifs que vous vous êtes fixés en commun…

1. *Cf.* chapitre 9, « L'animation ».
2. *Idem.*

Faire vivre vos contenus

Rendez vos exposés vivants[1]

Les phases de présentation théoriques sont toujours à haut risque : vos stagiaires peuvent perdre leur attention facilement s'ils ne sont pas sollicités. Bougez, ne soyez pas statique, donnez de la dynamique à votre discours par votre comportement. Sur le fond, n'entrez pas dans les détails. Vous pourrez compléter vos propos lors des mises en pratique, n'assommez pas votre auditoire par une foule de détails qui noieraient votre propos.

Si vous vous appuyez sur un support (notes au *paperboard* ou PowerPoint), soyez attentif à ce qu'il ne traduise que les grandes lignes de votre exposé, ou un schéma ou dessin qui permet d'expliciter un point précis. La majorité des individus fonctionnent sur un mode « visuel ». Le support a pour fonction de concentrer leur attention sur vos propos, et non de détourner leur attention en leur demandant de lire *et* de vous écouter en même temps... Pour la même raison, évitez le support écrit remis à l'avance aux stagiaires. Vous avez intérêt à toujours remettre les documents en fin d'exposé, pour permettre à chacun d'ancrer les nouvelles informations obtenues.

Souvenez-vous, lors d'un exposé, votre meilleur support, c'est vous...

Donnez des moyens d'expérimentation à vos stagiaires

Travaillez le décadrage : faites des mises en pratique sur des sujets hors contexte professionnel. Vos stagiaires auront ainsi l'occasion de prendre du recul par rapport à leur quotidien. Ils pourront regarder une situation sous un nouvel angle et trouver une approche efficace, extrapolable dans leur vie professionnelle. Acceptez des propositions nouvelles, même si vous ne les avez pas testées vous-même et proposez de les mettre aussitôt en pratique dans le cadre d'un exercice « métier », pour en valider la pertinence.

Les jeux autorisent aussi ce détour sur un mode ludique. De nombreux ouvrages proposent des jeux de formation « clés en mains »[2]. À vous de faire le lien, en fin d'exercice, avec le quotidien de vos stagiaires, et de les aider à trouver des analogies par rapport à leur situation.

1. *Cf.* chapitre 9, « L'animation ».
2. *Cf.* bibliographie en fin d'ouvrage.

Le décadrage est aussi un allié précieux pour travailler la prise de conscience : faites faire à vos stagiaires un exercice hors contexte avant une séquence théorique. Le fait de se tromper ouvre l'esprit sur le besoin d'apprentissage, préalable indispensable à l'écoute. Et l'erreur est plus facile à admettre si elle n'est pas liée à notre activité habituelle...

Gérer le groupe

Favorisez l'autonomie dans votre groupe

Lors des travaux en sous-groupes, acceptez que certains essaient d'arriver au résultat avec une nouvelle méthodologie, autre que celle que vous avez proposée. Votre rôle est d'aider vos stagiaires à améliorer leurs compétences, pas de leur imposer une méthodologie spécifique. Ce principe ne s'applique évidemment pas à tous les acquis, mais presque ! Souvenez-vous de vos cours de mathématiques, il y avait toujours un élève qui arrivait au résultat par des chemins de traverse. Cet élève, devenu grand, sera un jour ou l'autre votre stagiaire et devra pouvoir exprimer sa créativité dans votre formation.

Appuyez-vous sur des exercices de créativité cadrés, plusieurs ouvrages dédiés aux formateurs en proposent, adaptables à tous les domaines[1]. Lors des débriefs, expliquez les avantages et les inconvénients des différentes méthodologies expérimentées, pour que chacun se positionne en connaissance de cause.

Conclure votre intervention

Reformulez les acquis

À ce stade, il s'agit uniquement de valider que les contenus répondaient bien aux demandes formulées en début de stage, afin que les stagiaires fassent le lien entre les attentes et les contenus proposés. Là encore, la synthèse est de rigueur. Reprenez les attentes exprimées par thème, faites valider par le groupe qu'il a eu une ou plusieurs réponses, et demandez-lui laquelle. Ne cherchez pas à compléter les informations, il s'agit maintenant de conclure en « bouclant la boucle ».

1. *Idem.*

Assurez le suivi de votre intervention

Compétences de base : ★

À travailler : prendre l'initiative d'un suivi auprès des managers. Se tenir au courant des évolutions du métier, améliorer les contenus au fur et à mesure.

Faites le lien avec les managers

Envoyez le livret sous format PDF (garantie de la mise en page et du respect de votre travail en l'état), par mail. Adressez-le, soit au manager si vous n'avez pas les adresses de vos stagiaires, soit aux stagiaires directement en mettant le manager en copie. Si vous avez remis le livret en fin de module, adressez-le au manager avant ou après la formation.

Dans la semaine qui suit votre intervention, prévoyez un entretien de débriefing avec les N+1 et, selon les cas, le responsable formation. Faites-leur un compte rendu synthétique et global du stage réalisé : les acquis, les points à retravailler ou qui ont posé problème pendant la formation.

Donnez-leur des pistes pour continuer sur le terrain le travail commencé avec vous. S'ils manquent de connaissances sur les sujets abordés pendant la formation, fournissez-leur des éléments complémentaires à ceux remis aux équipes, ou communiquez-leur des ouvrages et/ou sites de référence.

Si vous avez rencontré des difficultés, si possible faites le point dès le lendemain. Il est important que le manager ait votre version rapidement, il va avoir tout de suite le retour de ses équipes. Expliquez ce qui s'est passé sans tomber dans la justification : prérequis non validés, groupe hétérogène, différentiel trop important entre les besoins terrain et les contenus de la formation...

À J+15, si un suivi d'objectifs est prévu pour les managers, envoyez-leur un rappel pour valider qu'ils ont bien mis en place ce suivi. Vous avez informé les stagiaires de la reprise des objectifs par leurs managers, il est de votre responsabilité de vous assurer que c'est lancé. Toutefois, l'expérience montre que si des managers ne prennent pas le temps de faire ce suivi, vous ne pouvez pas faire plus de l'extérieur...

À J+6 mois, si vous en avez l'occasion, refaites un point avec le management pour valider ce qui est maintenant acquis et ce qui reste à travailler. Ce sera le moment de prévoir éventuellement un stage complémentaire pour continuer le travail engagé.

Ne confondez pas formation et suivi

Vous pouvez être amené à revoir vos participants, sur le lieu de travail, dans le cadre d'un accompagnement personnalisé. Attention à l'adaptabilité relationnelle : Untel qui vous tutoyait en stage va peut-être spontanément repasser au « vous » devant ses collègues, adaptez-vous en conséquence.

Cernez bien les objectifs de votre mission : vous êtes dans le cadre d'une action de suivi, vous ne devez plus apporter de nouvelles connaissances, mais aider votre stagiaire à appliquer ce qui a été vu ensemble. Soyez en position de questionnement, aidez-le à reformuler ce qu'il a appris et qui va lui être utile dans une situation donnée. Contentez-vous de corriger si certains points ont été mal assimilés.

Prenez en compte la réalité de son quotidien, et acceptez qu'il ne reproduise pas forcément à l'identique ce qui a été vu en formation. Votre objectif est de l'aider à faire des liens entre la théorie et la pratique, et de lui apporter un regard extérieur sur sa mise en pratique.

Faites évoluer votre module

N'hésitez jamais à amender votre module, les principes qui régissent le monde du travail évoluent sans cesse, vous vous devez d'apporter systématiquement à vos stagiaires les informations les plus à jour. Allez régulièrement sur Internet pour vous tenir au courant des évolutions du métier (et de l'entreprise au sein de laquelle vous intervenez) : à défaut de les intégrer systématiquement, vous serez à même de répondre aux questions de vos stagiaires.

C'est en bénéficiant « à chaud » des retours d'expérience que vous allez pouvoir faire évoluer votre module, et recenser des expériences terrain que vous pourrez, à votre tour, transmettre à vos futurs stagiaires. Notez les remarques pertinentes pendant la formation, amendez votre module après chaque intervention. S'il y a lieu :

- faites des propositions concrètes d'amélioration si le stage doit être animé par d'autres formateurs, et échangez régulièrement avec eux pour mettre en commun les bonnes pratiques ;
- si vous en avez l'occasion, communiquez avec d'autres formateurs, sur des méthodologies adaptées à votre domaine de formation. Faites le point sur les avantages et inconvénients par rapport à vos propres méthodologies et « testez » ce qui vous semble plus approprié lors d'un prochain module ;
- enfin, pensez à mettre à jour votre livret au fur et à mesure des évolutions de votre stage.

7
Le profil « Animateur », *gagnez en rigueur…*

Préparez vos animations

COMPÉTENCES DE BASE : ★

À travailler : prévoir des documents théoriques et des PowerPoint pour « cadrer » la formation. Avoir un timing précis et des objectifs factuels.

Questionnez, questionnez, il en sortira toujours quelque chose…

Rencontrez au moins une fois le commanditaire de la formation. Faites-le s'exprimer sur ce qui va être le plus concret pour lui : les attendus. Que veut-il exactement que cette équipe fasse en plus ou en moins après la formation ? Comment va se traduire sur le terrain le résultat de la formation ?

Cernez ensuite la situation actuelle : quel événement a déclenché cette demande de formation ? Quel est le travail précis de l'équipe ? N'hésitez pas à jouer le « naïf », votre métier c'est d'être pédagogue, pas forcément de connaître parfaitement son métier à lui. Partez du principe que les gens adorent parler de ce qu'ils connaissent et qu'il se fera un devoir de vous expliquer clairement les spécificités de son activité.

Ne laissez pas votre commanditaire confondre sa demande avec son besoin ; c'est vous l'expert, c'est à vous de proposer les concepts et méthodologies les plus adaptés pour atteindre l'objectif.

N'acceptez pas n'importe quoi sous prétexte que vous avez compris. Si vous n'êtes pas sûr que la formation corresponde et vous permette d'atteindre cet objectif, dites-le tout de suite. Aucun miracle ne vous permettra d'apprendre à une équipe qui se déteste à travailler harmonieusement si vous n'avez qu'une journée de formation en tout. Au mieux, vous pouvez proposer de faire émerger les points de tension et définir des actions précises pour améliorer l'existant.

Validez systématiquement les prérequis de votre public et restez ferme par rapport à leur application : un stage de niveau 2 en formation Excel n'est pas gérable avec un groupe qui découvre le tableur...

Si malgré tout vous vous trouvez en situation de devoir agir avec des moyens insuffisants, prévenez tout de suite des limites que cela va apporter à votre travail. Ne péchez pas par accès d'optimisme, les choses sont toujours plus longues et complexes que prévu.

Ne vous laissez pas embarquer sur des sujets personnels concernant les futurs apprenants. Bien sûr, il est important de savoir qu'Untel a changé de poste récemment et le vit mal, mais, souvent, ce qui vous est raconté est sujet à caution. Abordez votre formation sans préjugés.

Pensez à votre bête noire : l'administratif !

Cette partie vous concerne principalement si vous représentez un organisme extérieur ou intervenez en tant qu'indépendant. Vous devez prévoir un certain nombre de documents.

Renseignez-vous à l'avance sur les habitudes de l'entreprise : êtes-vous en charge de la partie administrative ou la société utilise-t-elle ses propres documents ? Faites le point sur la convention de formation, la feuille de présence et le document d'évaluation à chaud. Si vous devez vous en charger, prenez des modèles sur Internet et envoyez la convention au moins dix jours avant le stage.

Variez vos sources d'information

Consulter le site officiel de l'entreprise : soyez attentif à la façon de communiquer de l'entreprise, cela vous renseignera sur le type de messages que les collaborateurs sont habitués à entendre. Regardez les produits et/ou services proposés par l'entreprise, vos stagiaires vous sauront gré de votre intérêt et des connaissances acquises. C'est aussi l'occasion de « naviguer » un peu pour connaître la concurrence, le mode de fonctionnement du SAV ou tout autre sujet qui vous permettra d'enrichir votre intervention.

La théorie est indispensable, ne la négligez pas

Votre module va se découper en séquences, elles-mêmes issues des objectifs pédagogiques que vous aurez formulés en amont. Par rapport aux trois familles d'objectifs pédagogiques[1], vous avez tendance à négliger la préparation des séquences liées aux objectifs de « savoir », qui concernent les nouvelles acquisitions.

Elles déterminent les parties théoriques de votre module et nécessitent une préparation accrue de votre part. Prévoyez les contenus de vos apports théoriques et les documents de présentation PowerPoint correspondants. Entraînez-vous pour définir un timing précis pour chacune de ces séquences.

Soyez vigilant, l'atteinte d'un objectif demande du temps, vous ne pourrez jamais travailler plus de trois ou quatre objectifs maximum sur une journée. Ce travail préparatoire de découpage doit vous permettre de valider l'adéquation du timing avec l'objectif opérationnel de votre interlocuteur. Il vous donnera des éléments factuels pour expliquer que, pour atteindre tel objectif opérationnel, il faut répondre à huit objectifs pédagogiques, et pour répondre à huit objectifs pédagogiques, il faut un peu plus que quatre heures !

Soyez fou, faites un timing « tenable » !

Organisez en moyenne deux séquences par demi-journée. Testez-les à chaque fois que cela vous est possible, et rajoutez systématiquement 10 % de temps pour les échanges.

Prévoyez des horaires précis de début et de fin de journée. Souvent, vos stagiaires auront eu besoin de se lever tôt pour rejoindre le lieu de formation, la fin d'après-midi doit donc se situer aux alentours de 17 h 30, sous peine de perdre définitivement l'attention et la motivation des apprenants !

L'esprit humain a besoin de « décrocher » à intervalles réguliers, prévoyez systématiquement une pause toutes les 90 minutes. Ce quart d'heure va permettre de recharger les batteries, pour eux comme pour vous. Cette pause sera aussi l'occasion d'échanger avec eux d'une façon informelle, voire de régler des problématiques individuellement, à l'écart du groupe.

1. *Cf.* chapitre 9, « L'animation ».

Si vous craignez de ne pas assez « remplir » votre journée, utilisez la technique « séquence de secours » : pour chaque thématique, bâtissez une séquence supplémentaire, soit un apport théorique complémentaire, soit un exercice d'entraînement, que vous utiliserez en secours, au cas où...

N'attendez pas le dernier moment pour créer vos supports

Prévoyez un PowerPoint de support aux parties théoriques[1]. Il a pour vocation d'être commenté, et non pas lu. Il va donner à vos stagiaires un point de concentration au sein d'une séquence de réflexion, contrepoint indispensable aux nombreuses animations dont vous égayez vos formations !

Créez le livret stagiaire sous forme d'un document mêlant théorie et pratique. Ne reportez pas la création de la partie théorique à l'après-formation, sous prétexte que vous ne savez pas encore exactement ce que vous allez faire... Ce livret va vous donner une structure et une obligation de moyens, indispensables pour vous éviter de trop sortir du cadre pendant votre animation.

Animez votre module

Compétences de base : ★ ★ ★

Angles morts : respect des timings. Risque d'amalgame entre l'animateur et le stage. Manque de recul devant les critiques et comportements négatifs.

Démarrer votre formation

Vous êtes au cœur de vos compétences, vous avez recueilli suffisamment d'informations préalables sur vos stagiaires, vous savez comme personne lancer un stage, fédérer un groupe. Pas de conseils à donner, vous êtes comme un poisson dans l'eau !

1. *Cf.* chapitre 9, « La préparation ».

Faire vivre vos contenus

Vous avez prévu un timing, maintenant, tenez-le !

Vous avez fait un effort en termes de préparation, il faut maintenant respecter les timings que vous vous êtes imposés. Prévenez vos stagiaires dès le début du stage de votre propension à « déborder », et nommez un *timekeeper* (gardien du temps) en charge de vous rappeler 10 minutes avant les moments de pause et de déjeuner.

Validez dès le début du stage les horaires de départ des uns et des autres. Ne prévoyez aucune séquence impliquante en fin de session…

Résistez à la tentation de rajouter une séquence qui d'un seul coup vous semble indispensable et « ne prendra que 5 minutes ». Outre le fait qu'aucune séquence ne prend que 5 minutes, vous risquez de déstabiliser une partie de vos stagiaires en improvisant au dernier moment.

Laissez-les respirer !

Votre profil vous pousse naturellement à surdimensionner les séquences pratiques par rapport aux acquis théoriques. En agissant ainsi, vous prenez le risque d'empêcher vos stagiaires de prendre du recul régulièrement pendant la formation et de voir le formateur prendre le pas sur le contenu.

Alternez régulièrement les séquences, prévoyez des exemples et des exercices individuels et pas seulement des exercices de groupe, mettez-vous en recul pendant les exercices en sous-groupes. Faites régulièrement des points théoriques, où vous vous positionnerez en fond de salle, derrière eux, pour vous effacer devant les contenus.

Vos stagiaires doivent pouvoir distinguer le fond de la forme : si votre mode d'animation leur convient, ils risquent de ne pas oser exprimer leurs manques sur les acquis. *A contrario,* si votre dynamisme les agace ou les perturbe, ils ne seront pas à même d'apprécier les contenus proposés.

Gérer le groupe

Appliquez-vous à vous-même les règles de vie

Le non-respect des règles édictées en début de session, par exemple en débordant des temps de pause ou en oubliant d'éteindre votre portable, vous fera perdre toute crédibilité. Difficile de faire appliquer des règles si vos stagiaires vous ont pris en défaut !

Ne vous laissez pas embarquer dans un relationnel compliqué

Vous devez garder un relationnel identique avec tous vos participants. Évitez l'effet « chouchou » ou la tête de Turc, qui créerait une ambiance délétère dans votre salle. Plus généralement, vos propos sont destinés à tout le groupe, et ne cherchent pas à faire passer des messages à un seul participant.

Prenez du recul pendant vos échanges informels. Évitez de trop vous dévoiler, ce n'est pas le lieu pour parler de votre famille ou de vos dernières vacances ; certains stagiaires pourraient en profiter, même involontairement, pour mettre en place des relations trop familières pendant le reste du stage.

Appuyez-vous sur le groupe pour gérer les personnalités difficiles

Vous aurez surtout du mal avec le stagiaire qui remet tout en question, n'est pas d'accord et intervient à tort et à travers, voire simplement objecte sur un point donné. Évitez de vous confronter à lui en direct. Renvoyez ses propos au groupe pour autoréguler le problème. Synthétisez ses propos pour reprendre la parole. Prenez-le à part pour passer un « contrat » moral pour le reste de l'animation.

S'il persiste, proposez-lui de sortir du stage, si cela lui est plus confortable, c'est votre dernier argument, mais il peut être très efficace !

Dans tous les cas, restez très factuel, ce n'est pas vous en tant que personne qui êtes concerné, mais l'animateur de la formation en cours.

Conclure votre intervention

Voici venu le moment du bilan

Votre sens du timing pour le moins accommodant risque de vous faire oublier, voire de volontairement zapper, ce moment crucial. Il est indispensable de refaire avec les stagiaires le tour des attentes du premier matin, et de leur demander de valider, ou non, l'atteinte des objectifs que vous vous étiez fixés avec le groupe. Reprenez les attentes une à une, validez si une réponse y a été apportée et, sinon, pourquoi. Restez factuel, ne soyez pas en position de défense. Votre optimisme naturel vous a sûrement conduit à prévoir de répondre à des attentes hors contexte. La réalité vous rattrape, c'est tout !

Vous devez maintenant vous effacer

Le moment de l'évaluation doit être un moment de calme, sans vous. Profitez du moment où vos stagiaires remplissent leur document pour ranger votre matériel, voire sortir de la salle. Vous leur donnerez ainsi l'occasion d'être naturels, sans subir (même inconsciemment) la pression de votre présence. Plus vous aurez mis en place un relationnel fort avec votre groupe, plus ce conseil sera valable.

Si un manager vous rejoint en fin de journée...

Le N+1 ou le responsable formation s'invite souvent à un tour de table informel en fin de stage. Le rôle du formateur, à ce moment de la formation, est d'être le rapporteur du groupe. Si des messages difficiles doivent être passés, généralisez-les, pour préserver l'anonymat des personnes concernées. En retour, ne manifestez pas une trop grande complicité avec votre groupe face à leur manager, au risque de créer un malaise. C'est avec ce manager qu'ils passent leurs journées, pas avec vous...

Assurez le suivi de votre intervention

COMPÉTENCES DE BASE : ★ ★

Points de progrès : compléter les livrets pratiques par une partie théorique. Tenir ses engagements. Savoir stopper un échange qui dépasse le cadre du stage.

Tenez vos engagements, la formation n'est pas encore finie...

Vous vous êtes peut-être engagé à fournir à vos stagiaires des documents complémentaires tels qu'articles de journaux, modes d'emploi, références d'ouvrages, etc. Faites-les parvenir scannés ou dans le corps du mail, en même temps que le livret de formation. Tenez toujours vos engagements ; cette négligence *a posteriori* pourrait considérablement nuire à votre image de formateur.

Notez systématiquement les documents que vous promettez (et à qui vous les promettez !) sur un cahier prévu à cet effet, pour en conserver la trace.

Fournissez à vos stagiaires un livret en lien avec ce qu'ils ont vécu !

Si vous avez choisi d'envoyer votre livret en PDF après la formation, profitez-en pour le mettre à jour. Relisez la partie théorique pour valider que tout le contenu correspond bien à ce qui a été traité, il peut être intéressant de laisser des informations non vues en stage pour la culture générale de vos stagiaires, mais l'écart entre les contenus écrits et ce qui a été vu ne doit pas être trop important, au risque de frustrer vos stagiaires après coup. *A contrario,* complétez votre livret si vous avez abordé des points de théorie non prévus dans le stage de base.

Gérez efficacement les relations humaines après stage

Ne prenez pas l'initiative d'échanges individuels avec un stagiaire, sauf s'il s'agit de lui fournir un document ou une référence promis. Sinon, vous risqueriez de vous laisser « embarquer » dans une relation « coach/coaché » dépassant votre mission de formateur et ingérable dans le temps. Si l'un de vos stagiaires prend l'initiative du contact pour vous remercier de votre intervention, accusez réception avec gentillesse et neutralité. S'il souhaite une information complémentaire, répondez-lui uniquement si elle entre dans le cadre de votre formation, et invitez-le à se tourner vers ses managers pour toute autre information.

Apprenez à vos stagiaires à vivre sans vous

Vous pouvez être amené à revoir vos participants, sur le lieu de travail, dans le cadre d'un accompagnement personnalisé. Attention à l'adaptabilité relationnelle : Untel qui vous tutoyait en stage va peut-être spontanément repasser au « vous » devant ses collègues, adaptez-vous en conséquence. Cernez-bien les objectifs de votre mission : vous êtes dans le cadre d'une action de suivi, vous ne devez plus apporter de nouvelles connaissances, mais aider votre stagiaire à appliquer ce qui a été vu ensemble. Travaillez au maximum en effet miroir : « Que penses-tu de... » « Pourquoi as-tu choisi de... ». Vous devez accompagner votre stagiaire dans une dynamique d'autoformation et ne surtout pas créer de dépendance à votre égard.

Soyez professionnel face au commanditaire

Faites un compte-rendu (écrit ou oral) factuel : rappel du programme prévu, sujets réellement traités pendant la formation, motifs de non-traitement pour les autres (temps, besoin des équipes, niveau de compréhension…). Brossez un tableau synthétique de l'ambiance (attentifs ou non, impliqués ou non…) et des conditions matérielles à votre disposition. Mettez en avant les acquis et le suivi à prévoir.

Si le stage s'est mal passé, expliquez les raisons, sans tomber dans la justification : prérequis non validés, groupe hétérogène, différentiel important entre les besoins terrain et les contenus de la formation.

Ne vous mettez pas dans la peau du « sauveur ». Vos stagiaires sont adultes, ils n'ont pas besoin d'être défendus face à leur hiérarchie, votre seule responsabilité est de préserver l'anonymat des échanges, et de ne faire que des débriefings généralistes.

8

Le profil « Théoricien », *gagnez en réalisme...*

Préparez vos animations

COMPÉTENCES DE BASE : ★ ★

Points de progrès : comprendre le besoin du client, sans interprétation personnelle. Réfléchir sur le plan et la structure de l'intervention. S'organiser de façon pratique.

Recueillez des informations à 360°

Vous avez plusieurs interlocuteurs à contacter avant votre animation : le commanditaire, bien sûr, mais aussi les N+1 des futurs stagiaires et un échantillon des futurs stagiaires eux-mêmes. Prenez le temps de recueillir l'ensemble de leurs demandes avant de finaliser votre module. Informez-vous sur les tenants et aboutissants de la formation prévue : éléments déclencheurs, attendus, public, niveau de connaissance actuel sur le sujet... Le double questionnement commanditaire/managers va déjà faire apparaître des différences de perception qu'il faudra relever pour aboutir à une vision commune des enjeux et des objectifs.

Recueillez ensuite les attentes de vos futurs stagiaires (individuellement ou au sein d'un groupe de travail, par téléphone ou de visu) : connaissances actuelles de la formation prévue, attentes individuelles, missions et tâches en lien avec le sujet du stage, éventuelles réticences par rapport à la formation prévue. Ces informations vous sont indispensables pour :

- modifier vos contenus si l'écart entre le niveau annoncé et le niveau constaté est trop important ;
- préparer des exercices pratiques en lien avec le quotidien de vos stagiaires, qui leur donneront les moyens de comprendre, concrètement, les apports de la formation, au fur et à mesure.

Acceptez de perdre du temps pour en gagner plus tard...

Quelle que soit la bonne volonté de vos interlocuteurs dans l'entreprise, c'est vous qui allez vous retrouver démuni si l'organisation matérielle laisse à désirer. Prenez systématiquement contact avec votre interlocuteur sur place pour valider les éléments matériels : type de salle, matériel à disposition (vidéoprojecteur, *paperboard*...), lieux de restauration, organisation prévue pour les horaires et les pauses.

Chaque fois que vous en avez la possibilité, allez visiter la salle à l'avance, pour éviter les mauvaises surprises le jour J (salle trop petite, trop grande, en travaux, pas aménageable...). Vérifiez que vous aurez bien un relais sur place, pour vous accueillir et répondre à vos questions pratiques.

Faites un point sur les documents administratifs à fournir : convention de formation ou bon de commande, feuille de présence et feuilles d'évaluation. Demandez s'il existe des modèles au sein de l'entreprise ou si vous devez les fournir.

Pensez à envoyer le bon de commande ou la convention suffisamment en amont pour pouvoir facturer votre prestation après réalisation (si vous êtes indépendant).

Découvrez le sens du mot « structure »

Établissez un déroulé précis, avec une logique d'intervention, pas à pas... Il ne s'agit pas seulement de réfléchir aux contenus, mais de les agencer, de prendre en compte les meilleures méthodes pédagogiques pour les faire vivre selon les cas. Ne confondez pas « contenu » et « plan ».

Prévoyez des parties théoriques à heures fixes et tenez-les. Cela vous servira de repère pour éviter de trop sortir du cadre en cours d'animation. Vous aurez ainsi une assise pour votre module, des points communs d'une animation à l'autre :

- faites un timing réaliste et n'hésitez pas à « couper » de la matière. Vous ne pourrez pas en faire plus que ce qui tiendra en sept heures, au risque d'être abscons ou de « perdre » vos stagiaires en cours de route. Prévoyez dans l'idéal un programme réalisable en six heures, qui prendra ainsi en compte les débordements que vous ne manquerez pas de provoquer...

- prenez en compte l'importance des rythmes de l'apprentissage[1] dans votre construction : improviser une séquence pratique à un moment inadéquat lui enlève tout son impact ;
- intégrez dès cette étape les cas pratiques recueillis pendant la première phase de préparation, pour vous contraindre à garder systématiquement le lien avec la réalité de vos futurs stagiaires ;
- puisque varier les animations d'une fois sur l'autre vous est indispensable, faites-le sur les types d'exercices ou de jeux proposés, sans changer le fond.

Animez votre module

Compétences de base : ★ ★ ★

Angles morts : sujets traités trop conceptuels, hors cadre des besoins des stagiaires. Coq-à-l'âne dans les explications et le déroulé.

Démarrer votre formation

Mettez-vous la pression avec les règles de vie[2]

Le fait d'énoncer clairement des règles de vie, y compris en termes d'organisation, vous met un cadre pour les respecter vous-même. Et notamment les points concernant le respect des horaires. Gardez toujours à portée de main une montre ou un portable (en silencieux !) pour être vigilant sur les temps annoncés.

N'hésitez pas à faire sonner un réveil aux heures prévues pour les pauses ou le déjeuner.

1. *Cf.* chapitre 9, « La préparation ».
2. *Cf.* chapitre 9, « L'animation ».

Ne faites jamais l'impasse sur le recueil des attentes

Il s'agit du moment optimum pour vous mettre en phase avec votre groupe. Certains de vos stagiaires viennent en formation avec une idée précise et vont être dans l'attente de réponses à des questions qui ne seront peut-être pas abordées. Vous devez poser le cadre tout de suite.

Pour chaque attente énoncée, dites si elle sera traitée ou non, et pourquoi. Pour rendre votre démarche visuelle, mettez un point vert quand le sujet est prévu, rouge quand il ne sera pas abordé, un de chaque quand il sera abordé partiellement. Affichez ces attentes dans la salle, pour pouvoir vous y référer tout au long de votre animation. Ce contrat passé avec vos stagiaires vous assure une assise solide au démarrage de la formation.

Faire vivre vos contenus

Amarrez vos contenus au quotidien de vos stagiaires…

Organisez régulièrement des travaux en sous-groupes, pour que chacun ait l'occasion de s'exprimer et de confronter sa propre expérience professionnelle. Si vous proposez des cas de figure précis, appuyez-les sur les situations que vous avez récupérées pendant la phase de préparation.

Tournez dans les groupes, questionnez, creusez les sujets abordés et, à la fin du temps imparti, demandez aux rapporteurs de faire à l'oral un débriefing du travail réalisé.

Nommez (ou faites nommer) systématiquement un « rapporteur » et vérifiez qu'il prend des notes tout au long de l'exercice.

Confrontez systématiquement les stagiaires à leur quotidien, en leur proposant une mise en application *ad hoc*, par rapport à un nouvel acquis. Selon la matière concernée, la mise en pratique pourra prendre plusieurs formes : mises en situation par groupes de deux ou trois, exercice écrit individuel, travail informatique… Chaque fois, l'important sera de prévoir une situation approchant l'activité exacte des stagiaires, voire de leur proposer de choisir eux-mêmes le contexte. C'est le moyen le plus sûr d'engrammer des connaissances, de passer du « savoir » au « savoir-faire ».

Gérer le groupe

Gardez un fil directeur, agrippez-le des deux mains

Établissez un lien systématique d'une séquence à l'autre. Expliquez en quoi ce que vous venez de voir va servir la séquence suivante. Chaque fois que vous avez une idée ou l'envie de partager une information complémentaire, prenez une minute pour la noter, et passer l'information en fin de séquence. Posez-vous systématiquement les questions « En quoi cette information va servir mon propos ? », Va-t-elle être utile pour le quotidien de mes stagiaires ? ». Si vous décidez malgré tout de sortir du cadre, annoncez la couleur, présentez l'information comme un « plus » en termes d'enrichissement personnel, et évitez de le faire trop souvent...

Conclure votre intervention

Prenez le temps de valider

Lors de la séquence de fixation d'objectifs, validez l'adéquation entre l'objectif fixé et la réalité du terrain sur lequel intervient le stagiaire concerné. Appuyez-vous sur le SMART[1] : un objectif doit être spécifique, mesurable, atteignable, réaliste et temporel. Donnez la parole à vos stagiaires, questionnez-les pour vérifier qu'ils vont effectivement avoir les moyens d'appliquer ce qu'ils prévoient.

Faites systématiquement le tour des attentes initiales, et demandez au groupe de valider, ou non, l'atteinte des objectifs que vous vous étiez fixés avec lui. Reprenez les attentes une à une, validez si une réponse y a été apportée et, sinon, pourquoi. Ce retour en arrière ne vous est pas forcément naturel, mais il permet à chacun de mesurer le chemin parcouru et de faire le lien entre ses besoins et les apports de la formation.

Assurez le suivi de votre intervention

COMPÉTENCES DE BASE : ★

> *À travailler : fournir un livret correspondant aux acquis. Tenir ses engagements après la formation. Prendre le temps d'un reporting efficace.*

1. *Idem.*

Pensez à envoyer vos documents en temps et en heure

Envoyez le livret stagiaire dès la fin de la formation, avant de passer à autre chose. Votre capacité naturelle à vous projeter vous emmène déjà vers le prochain groupe, au risque de décevoir les attentes de celui-ci... Pensez à compléter votre livret si vous avez abordé des points de théorie non prévus dans le stage de base. Vous vous êtes peut-être engagé à fournir à vos stagiaires des documents complémentaires tels qu'articles de journaux, modes d'emploi, références d'ouvrages, etc. Faites-les parvenir scannés ou dans le corps du mail, en même temps que le livret de formation.

Tenez toujours vos engagements, une négligence a posteriori *pourrait considérablement nuire à votre image de formateur.*

Ne lâchez pas vos stagiaires au milieu du guet

En groupe : en même temps que vous envoyez le livret, vous pouvez rédiger un message d'encouragement à vos stagiaires pour leur rappeler les conclusions auxquelles vous êtes arrivés ensemble et les encourager à démarrer rapidement leur mise en pratique.

Sur certains stages impliquant un grand nombre de participants en plusieurs groupes, il est envisageable de créer un forum informatique pour prolonger les échanges, entre eux et avec vous. Dans ce cas, votre intervention doit se limiter à répondre aux questions posées, les commentaires sont du ressort des stagiaires. Surtout, pensez bien à vous connecter régulièrement, dans le mois qui suit votre animation.

Individuellement : si l'un de vos stagiaires prend l'initiative du contact pour vous remercier de votre intervention, répondez en accusant réception avec gentillesse et neutralité. Si ses demandes débordent le cadre normal d'un suivi, invitez-le à se tourner vers ses managers, en y mettant les formes. Dans tous les cas, répondez dans les jours qui suivent, vous risquez sinon d'oublier rapidement de le faire !

Vous pouvez être amené à revoir vos participants, sur le lieu de travail, dans le cadre d'un accompagnement personnalisé. Si un suivi par téléphone est prévu, convenez à l'avance de rendez-vous réguliers et respectez-les. Ne traitez pas ce suivi comme la dernière roue du carrosse, si vous avez un rendez-vous téléphonique, vous ne pouvez pas être en animation ce jour-là ! Faites un mail de synthèse systématiquement après votre échange pour conserver des traces d'un entretien sur l'autre. Là encore, cernez bien le cadre de votre mission et ne sortez pas du sujet prévu, quitte à prendre un autre rendez-vous pour traiter un nouveau point important. Réservez ce type d'accompagnement à des suivis non impliquants, la distance rendant l'exercice peu aisé.

Mettez toujours les managers dans la boucle (N+1 voire N+2) a minima *pour leur donner des informations globales sur le suivi qui est mis en place. Ils sont en charge du suivi quotidien des équipes, et ont donc besoin de « billes » pour les accompagner sur le terrain.*

Effectuez un reporting efficace

Vous avez laissé vos stagiaires sur le bord de la route, avec de nouvelles connaissances mais pas ou peu d'entraînement terrain. Statistiquement, les acquis réinvestis sous quinze jours sont ceux qui vont être intégrés le plus complètement. Le passage de relais au manager est donc indispensable pour mettre en œuvre l'après-formation.

Pendant la formation, prenez des notes sur ce qui a été modifié, avant de l'oublier. Dès le lendemain de la formation, préparez un compte-rendu pour le commanditaire : rappelez les grands axes du programme prévu, les sujets réellement traités pendant la formation, les motifs de non-traitement pour les autres (temps, besoin des équipes, niveau de compréhension…). Faites le point sur les acquis et le suivi à prévoir.

Si le stage s'est mal passé, expliquez-en les raisons : prérequis non validés, groupe hétérogène, différentiel important entre les besoins terrain et les contenus de la formation… Faites des propositions concrètes d'amélioration si le stage doit être animé pour d'autres groupes.

Selon les circonstances, envoyez ce compte-rendu par mail, ou, dans la semaine qui suit votre intervention, prévoyez un entretien de débriefing avec les N+1 et, selon les cas, le responsable formation.

Ne laissez pas passer plus de temps, vous n'auriez plus assez de souvenirs pour répondre précisément aux questions posées. Si vous avez rencontré des difficultés, faites ce bilan dès le lendemain, si possible. Il est important que le manager ait votre version rapidement, il va avoir tout de suite le retour de ses équipes.

Ne soyez pas trop synthétique, brossez un tableau suffisamment complet pour donner les moyens à vos interlocuteurs d'assurer un suivi qualitatif en interne.

Enfin, si vous devez amender votre module, faites-le dans la foulée. Là encore, le temps joue contre vous !…

9
Pour tous les profils, *les incontournables*

La préparation

Bâtir les objectifs pédagogiques

Votre programme de formation doit être explicité au travers des objectifs pédagogiques déclinés en préambule. Il s'agit de la base sur laquelle vous allez monter votre module. Partez des objectifs opérationnels décidés avec votre client. Les objectifs pédagogiques se regroupent en trois familles de besoins :

- le besoin cognitif : il concerne les acquisitions de connaissances. C'est l'objectif de « savoir » qui y répond. Il se décline avec des verbes tels que : connaître, comprendre, définir, préciser, nommer, mémoriser… Il s'agit de la partie théorique de la formation et il nécessite des exposés, des présentations en grand groupe ;
- le besoin psychomoteur : il concerne les acquisitions de compétences. C'est l'objectif de « savoir-faire » qui y répond. Il se décline avec des verbes tels que : utiliser, actionner, faire, lire, rédiger, reproduire… Il s'agit de mettre en pratique, manipuler, et cela nécessite forcément une partie pratique liée à l'activité de l'apprenant ;
- le besoin affectif : il concerne les acquisitions de comportements. C'est l'objectif de « savoir-être » qui y répond. Il se décline avec des verbes tels que : s'adapter, se sentir, s'intégrer, dédramatiser… Il s'agit de la capacité à être à l'aise dans une situation donnée. Il nécessite des exercices de prise de recul, des échanges ou des mises en situation plus ou moins impliquantes selon le sujet.

Toute formation, qu'elle soit théorique, technique ou comportementale, doit contenir les trois registres d'objectifs.

Chacun de ces objectifs doit pouvoir se décliner derrière la phrase : « À la fin de cette formation, l'apprenant est capable de... ».

Finaliser le timing

Respectez les rythmes de l'apprentissage :

- le cerveau humain a besoin de « débrancher » toutes les 90 minutes en moyenne. Calez-vous sur ce tempo et prévoyez une pause toutes les 90 minutes ;
- les deux grands « pics » d'attention sont en milieu de matinée (9 h 30-11 h) et en milieu d'après-midi (15 h 30-17 h). C'est le moment où notre cerveau est le plus réceptif, dans des domaines différents :
  - le pic du matin convient aux activités liées à la concentration et la réflexion logique : c'est le moment de travailler le « savoir » au travers d'apports théoriques,
  - le « pic » de l'après-midi convient à des moments de créativité : c'est le moment de mettre vos participants en mouvement, de les faire réfléchir par eux-mêmes. Faites-leur faire des exercices ou des mises en situation liés au « savoir-faire » ;
- pensez toujours au redoutable moment de la digestion, en début d'après-midi : quelle que soit la séquence prévue, ne passez aucune information importante à ce moment-là...

Créer un PowerPoint de présentation

Ne confondez pas le PowerPoint explicatif qui a vocation à être lu sur un ordinateur et le PowerPoint d'appui à une séquence théorique. Ce dernier doit répondre à des règles précises pour remplir son rôle pédagogique :

- développez un seul message par *slide*. Le titre en est l'indicateur. Chaque diapositive doit être indépendante et présenter un message complet ;
- gardez les règles de composition stable :
  - taille des titres : 38-44 points,
  - fond de page : privilégiez des fonds unis aux fonds dégradés ou composés d'objets ;

- évitez de distraire votre auditoire avec des sons et images sans utilité réelle ou fond de page trop complexe, répétition de logos ou titres, etc. ;
- laissez vivre vos *slides*. Utilisez au plus 50 % de l'espace. Le « blanc » est important pour la lisibilité des informations et donc une meilleure attention et compréhension ;
- contentez-vous au maximum de 3 ou 4 lignes pour faciliter la lecture et la rétention de l'information. Écrivez en moyenne 6 mots par ligne ;
- facilitez la lecture. Utilisez au maximum deux polices : une pour les titres, l'autre pour les textes. Choisissez des polices sans empattement car elles sont plus lisibles : Arial, Tahoma... Écrivez en minuscules, même les titres, c'est plus lisible ;
- la taille des caractères doit augmenter avec la grandeur de la salle : ne descendez pas au-dessous de 18 points ;
- exploitez la couleur, elle augmente l'attractivité visuelle, aide à structurer l'information et peut améliorer la mémorisation. Les couleurs de texte doivent être bien contrastées avec la couleur du fond.

En termes de positionnement, mettez-vous au fond de la salle, derrière vos stagiaires, si les visuels sont très importants et que vous souhaitez juste les commenter, et à côté de l'écran, si le PowerPoint n'est qu'un support à votre discours.

L'animation

Faire les présentations

Selon le type de formation que vous allez animer et le style des stagiaires, vous pouvez essayer des méthodologies décalées.

Utilisez la méthode des présentations croisées : les stagiaires se mettent en binômes et se présentent mutuellement en répondant à une série de questions préalablement établies. Chaque fois, A va présenter B et vice versa. De votre côté, appuyez-vous sur les notes prises pendant l'exercice pour débriefer la forme : « Laissez parler l'autre sans le couper, ne pas déformer ses propos, ne pas interpréter ce qu'il a dit... »

\+ Exercice de présentations plus aisé pour chacun

— Long !

Proposer une version présentations croisées entièrement en dessin : pour chaque thème spécifié (expérience passée, métier exercé, attentes...), l'interviewer a juste le droit de dessiner (pas de rébus !) et doit utiliser sa mémoire pour redonner les contenus au groupe.

\+ Travaille la mémorisation et la confiance en soi

— Peu de contenu

Faire des présentations anonymes, chacun note la réponse aux questions du formateur, lisiblement, par écrit sur un Post-it, puis les Post-it sont mis en commun et chacun en tire un qu'il lit comme s'il s'agissait du sien.

\+ Libère la parole

— Pas de détails sur les attentes

Pour un groupe qui se connaît déjà

Demandez à chacun d'ajouter à sa présentation « une chose qui va étonner le groupe » sans donner plus de précision. En général, les participants montrent à cette occasion un aspect de leur personnalité inconnu du groupe (j'ai déménagé 26 fois, j'anime les réveillons de Noël aux Restos du cœur, j'ai traversé les États-Unis en stop à 20 ans...).

\+ Offre un regard neuf sur chacun

— Certains peuvent « sécher »

Le portrait chinois : demandez à chacun de se présenter à la manière de « si j'étais... » en proposant livre, film, pays, voiture, ville, animal... Chacun doit choisir, décrire puis expliquer ce choix

\+ Ludique

— Peu d'informations factuelles

Recueillir les attentes

À alterner selon les circonstances et le temps dont vous disposez :

- le tour de table « classique » : c'est la méthode la plus simple et la plus rapide. Demandez à vos stagiaires d'enrichir leur présentation en donnant leurs attentes par rapport à la formation, à tour de rôle ;
- le recueil anonyme : à chaque fois que cela vous semble important, parce que les enjeux sont forts ou le groupe visiblement peu à l'aise, utilisez cette méthode de recueil

des attentes. Chacun à son tour note ses attentes sur des Post-it, une attente par Post-it, autant de post-it que l'on souhaite, écrits lisiblement. Puis chacun vient coller au *paperboard* ses Post-it et vous faites le débriefing. Vous lisez à tour de rôle les attentes notées, faites un point vert si elles correspondent à des points qui seront traités en formation, un point rouge si elles sont hors sujet et un point de chaque si elles ne sont traitées qu'en partie. Reformulez très clairement ce que vous lisez pour être sûr d'être bien compris. Si le texte n'est vraiment pas clair, suggérez une interprétation et demandez au groupe s'il comprend comme vous, en général c'est la personne qui l'a écrit qui va vous répondre, sous couvert d'anonymat !

- la carte heuristique[1] : cet outil vous est présenté dans cet ouvrage, en synthèse des différents chapitres. Dans le cas présent, il va permettre une synthèse et un regroupement des attentes par thématique, beaucoup plus lisible pour tous que leurs Post-it. Faites une grande branche par thématique générique puis agglomérez derrière les demandes liées à cette thématique.

Définir les règles de vie

Quel que soit le groupe, reprécisez toujours les règles de vie d'entrée de jeu, afin de vous appuyer facilement sur elles en cas de dérapage. Nous vous proposons la liste suivante, non exhaustive, mais suffisante pour « poser le cadre » :

- respect des horaires ;
- portables (ordinateur et téléphone) silencieux et/ou fermés ;
- écoute et bienveillance (laisser l'autre s'exprimer jusqu'au bout, pas d'agressivité dans les échanges) ;
- anonymat des échanges (ce qui est dit dans la salle n'est pas répété à l'extérieur).

Bien évidemment, le formateur s'engage à respecter les mêmes règles et demande au groupe son accord sur ce mode de fonctionnement. Cette action est indispensable pour réaliser des recadrages clairs et bienveillants, si besoin est.

1. Voir bibliographie en fin d'ouvrage.

Varier les méthodes pédagogiques

Voici trois méthodes à utiliser :

- l'exposé : nous sommes ici dans une séquence qui concerne *uniquement* des points théoriques représentant des acquisitions nouvelles pour les apprenants. Elle doit durer au maximum 45 minutes, ou être entrecoupée d'un exercice ou d'un échange si vous avez besoin de plus de temps. Vôtre exposé doit être vivant, pour garder l'attention de vos stagiaires, et le support, s'il existe, a pour unique fonction de concentrer leur attention sur vos propos, pas de détourner leur attention en leur demandant de lire *et* de vous écouter en même temps...
- les travaux en sous-groupes : ils favorisent les échanges entre stagiaires. Laissez suffisamment de temps pour que chacun s'exprime et qu'un débat puisse se mettre en place. C'est le moyen le plus riche pour obtenir de la « matière » sur le sujet et ancrer ainsi les acquis dans la pratique quotidienne des apprenants. Soyez attentifs à créer des groupes suffisamment petits pour que tout le monde participe. Tournez dans les groupes, questionnez, creusez les sujets abordés pour que les idées s'enchaînent. Nommez (ou faites nommer) systématiquement un « rapporteur », vérifiez qu'il prend des notes tout au long de l'exercice et chargez-le du débriefing à l'oral ;
- les jeux de rôles : indispensables pour toutes les formations liées à la communication. Faites toujours intervenir vos stagiaires sur la base du volontariat. Si tout le monde doit passer, le mieux est de faire un tirage au sort pour déterminer l'ordre de passage. Pour éviter toute situation de blocage, la meilleure manière de procéder est la suivante : dès que l'un des deux participants se trompe ou perd ses moyens, proposez rapidement au suivant de venir le remplacer et de reprendre la situation là où elle s'est arrêtée. On peut d'ailleurs enchaîner deux tours pour permettre à ceux qui se sont bloqués de repasser une seconde fois. Ainsi, la mise en situation devient un outil constructif d'entraînement et non plus une épreuve pour

les stagiaires. Cette formule fonctionne aussi dans le cas d'enregistrements vidéo.

Dans tous les cas, c'est la vivacité de l'activité et la pertinence des débriefings qui donnera du relief à l'exercice.

Les outils d'évaluation :

- le questionnement. C'est la méthode la plus directe pour valider l'acquisition des connaissances, en cours d'animation. Une règle d'or, ne jamais poser une question dont on ne connaît pas soi-même la réponse. Il est également déconseillé de questionner les stagiaires sur un sujet pas encore vu avec eux, au risque de les mettre en situation d'échec. Le questionnement doit toujours être uniquement un moyen de relancer l'attention des stagiaires pendant un débrief théorique, ou une façon de valider la compréhension du groupe ;
- le quizz. C'est un outil idéal pour réviser ou mettre à niveau un groupe sur un sujet donné. Numérotez vos questions (pas plus de 15 en tout). Prévoyez quatre niveaux de réponses, notez-les A/B/C/D... la bonne, une moyenne, et deux mauvaises, dont l'une est un peu incongrue éventuellement. Faites des réponses courtes. Prévoyez pour chacun une feuille de débriefing avec les numéros de questions pré-remplis pour gagner du temps. Dans l'idéal, vous avez deux versions sous format PPT, l'une avec les questions qui défilent, l'autre avec les réponses qui suivent, diapo par diapo ;
- la mise en pratique. Il s'agit de confronter les stagiaires à leur quotidien, en leur proposant une mise en pratique mettant en scène le nouvel acquis dans leur univers. Prévoyez des mises en situation en vous appuyant sur la matière recueillie pendant la préparation, ou demandez à vos stagiaires de vous fournir des cas concrets sur lesquels ils souhaitent travailler. La mise en pratique peut être réalisée individuellement ou en groupe.

Connaître les besoins du groupe

Les besoins fondamentaux du stagiaire[1] se situent à quatre niveaux, et doivent être considérés comme des marches à franchir une à une pour faire avancer son groupe. Les voici dans l'ordre dicté par la « pyramide de Maslow » :

- 1. confort : il vous faut donc valider l'aspect matériel avant de commencer. Un stagiaire mal assis, ou mal placé pourra difficilement être impliqué, même avec un sujet passionnant. À vous de faire valoir ses droits auprès du commanditaire, lors de la préparation ;
- 2. sécurité : le stagiaire a besoin de connaître les règles et le cadre dans lequel il va interagir. Nous parlons ici aussi bien des règles de vie du groupe que des objectifs de la formation. N'oubliez jamais que vous connaissez le stage et pas lui, donnez-lui des clés afin qu'il sache où il va et dans quel climat va se dérouler l'animation ;
- 3. appartenance : nous l'avons vu précédemment, un groupe est une entité en tant que telle, et le stagiaire doit se sentir accepté dans ce groupe et pouvoir échanger avec le groupe comme avec vous-même dans un cadre « bienveillant ». Vous êtes le régulateur des échanges et devez veiller à ce que chacun ait sa place dans le groupe et puisse s'y exprimer facilement ;
- 4. reconnaissance : une fois à l'aise dans un groupe, le stagiaire a besoin de reconnaissance personnelle. Votre rôle est de le valoriser quand l'occasion se présente, voire de créer des occasions de valorisation sur des sujets simples, si le niveau du groupe est supérieur à celui de certains de ses membres. Mettez en évidence les commentaires intéressants, questionnez ceux qui s'expriment peu, encouragez-les dans leur prise de parole.

1. Inspiré des besoins fondamentaux de l'être humain d'après « la pyramide de Maslow ».

Gérer les cas particuliers

Un groupe est composé d'une somme d'individus, qui ne se ressemblent pas tous ! En l'occurrence, dans certains cas, vous pouvez être démuni devant un comportement déstabilisant, consciemment ou non. Voici quelques pistes pour gérer les plus fréquents :

- le bavard : il s'exprime fréquemment et longuement et pratique assidûment l'aparté. Utilisez la même technique qu'avec un groupe dissipé. Chaque fois qu'il fait des apartés, faites silence en le regardant. Laissez le groupe réguler la situation. Si la situation ne s'améliore pas, prenez-le à part lors d'une pause pour lui demander de réguler son attitude, pour le bien-être du groupe ;
- le timide : il intervient peu, n'est pas sûr de lui, ne s'impose pas si le groupe lui coupe la parole. Soyez vigilant à lui donner régulièrement la parole. Relancez-le s'il a été « coupé » par un autre stagiaire. Encouragez-le à donner son avis, valorisez ses propos et son expérience.
- l'indifférent : il ne participe pas, regarde ailleurs, voire soupire fréquemment. Ne le confrontez pas, laissez-le dans son coin, citez-le ponctuellement pour le garder « dans la course », engagez la conversation à la pause pour comprendre ce qui ne va pas. Généralement, l'attitude d'indifférence a pour but d'attirer votre attention, si vous n'en tenez pas compte, cela se régule tout seul.
- le contradicteur : il remet tout en question, n'est pas d'accord et intervient à tort et à travers. Ne le confrontez pas en direct. Renvoyez ses propos au groupe pour autoréguler le problème. Synthétisez ses propos pour reprendre la parole. Prenez-le à part pour passer un « contrat » moral pour le reste de l'animation. S'il persiste, proposez-lui de sortir du stage, si cela lui est plus confortable, c'est votre dernier argument, mais il peut être très efficace !
- le boute-en-train : il est jovial, plaisante sans arrêt, tourne tout à la plaisanterie et empêche de ce fait le groupe de travailler. Soyez bienveillant au démarrage, il faut toujours avoir les rieurs de son côté ! Arrêtez-le d'un sourire quand il dérange, proposez-lui de trouver quelque chose de drôle à dire à un moment que vous aurez choisi, pour le désorienter et le confronter au problème qu'il pose.

Fixer des objectifs individuels

Les objectifs doivent être factuels, et ne pas rester au stade de la déclaration d'intention. Il ne s'agit pas de dire : « Je vais faire mieux dans ce domaine », mais de rédiger un objectif SMART :

- **S**pécifique, concernant une action précise liée à l'univers professionnel du stagiaire ;
- **M**esurable, de manière objective (« + 10 % de nouveaux contrats » versus « plus de contrats » !) ;
- **A**tteignable, attention à l'enthousiasme de fin de stage, dès le lendemain, la réalité reprend ses droits...
- **R**éaliste, en tenant compte du temps nécessaire à la mise en place de nouvelles bonnes pratiques ;
- **T**emporel, sans date butoir, tout cela restera lettre morte. Vous pouvez proposer à chacun de noter cet objectif sur un carton glissé dans une enveloppe, à son adresse personnelle, et le leur poster un mois après. Ce rappel hors contexte est souvent le bienvenu...

Le suivi

Assurer le relationnel avec les stagiaires

Deux cas de figure possibles :

- vous n'aurez plus de contacts avec votre groupe. Vous leur devez au minimum :
  - d'envoyer en temps et en heure les documents prévus ou promis : livret de formation, bibliographie, documents pratiques complémentaires...
  - de répondre rapidement à toute demande de contact de leur part, soit avec une information si la demande est en lien avec la formation, soit pour les orienter gentiment vers leur manager dans les autres cas. Ne vous laissez pas envahir, le nombre de vos stagiaires va augmenter au fil du temps, impossible de conserver un contact personnalisé avec certains...
- vous devez assurer un suivi individuel ou en groupe. S'il s'agit d'un suivi de groupe, prévoyez un mail collectif pour les informer de la forme que va prendre le suivi, et du

temps pour assurer le suivi, par mail ou Internet selon la formule choisie. Il existe différentes façons de suivre un groupe après une formation :

- lui envoyer à date régulière des mails informatifs et/ou d'encouragement pendant une période fixée à l'avance (1 à 2 mois en moyenne) ;
- créer un forum d'échanges sur Internet ou sur l'intranet de l'entreprise, et le faire vivre pendant les trois mois qui suivent la formation ;
- passer par une plate-forme de suivi, qui vous donne la possibilité, en parallèle du forum, de créer un programme de travail personnalisé en suivi automatique[1].

S'il s'agit d'un suivi individuel, par téléphone ou sur place, soyez attentif aux points suivants :

- laissez au stagiaire l'initiative du relationnel (tu ou vous, par exemple) ;
- respectez les créneaux choisis pour le suivi, évitez de les reporter, la motivation de vos stagiaires en dépend ;
- la formation est terminée. Vous êtes maintenant dans le cadre d'un suivi d'entraînement, vous ne devez plus leur apporter de connaissances supplémentaires. Chaque fois que le collaborateur achoppe sur un acquis, questionnez-le, au besoin demandez-lui de se reporter à son livret. Il doit trouver ses réponses seul, vous êtes là pour le guider et l'aider à mettre en place, pas pour faire les choses à sa place.

Faire un reporting qualitatif

Reporting au service formation

Vous êtes « entre professionnels ». Sous le sceau de la confidentialité, vous pouvez rentrer dans le détail de ce qui a fonctionné ou pas, et des problématiques rencontrées. Par contre, ne citez *jamais* le nom d'un stagiaire en particulier, votre légitimité de formateur est en jeu...

1. *Cf.* bibliographie en fin d'ouvrage.

Acceptez la critique, si elle est factuelle, et travaillez en partenariat avec vos interlocuteurs. Si vous avez rencontré des difficultés, dites-le tout de suite, sans attendre une remontée négative du terrain.

Reporting aux managers

Ils n'ont pas assisté à la formation, il leur faut des « billes » pour reprendre derrière. Chaque fois que c'est possible, prévoyez un rendez-vous de présentation des principaux points traités pendant la formation.

Proposez-leur de revenir individuellement vers leurs collaborateurs, pour partager les objectifs mis en place à la fin de la formation.

Si vous assurez un suivi de leurs équipes, faites-leur un compte-rendu global régulier, parlez-leur en termes d'attendus, de progression, de besoins terrain. Vous devez être concret.

Enfin, si vous apportez des modifications à votre module, renvoyez systématiquement la nouvelle version au service formation, pour assurer un suivi qualitatif dans le temps.

Remerciements

Mes remerciements vont d'abord aux milliers de stagiaires que j'ai eu la chance de rencontrer dans ma vie professionnelle, et qui tous m'ont apporté bien plus que je n'ai pu leur donner.

Chaque nouvelle rencontre me rappelle à quel point chacun de vous est unique et quelle chance j'ai de pouvoir vous côtoyer, ne serait-ce que quelques heures.

J'ai aussi une pensée particulièrement bienveillante pour celles et ceux qui m'ont mis le pied à l'étrier : Corinne Julhiet-Destroyat, Jacques Landriot et Hélene Kilcer, cette dernière m'ayant appris à peu près tout ce que je sais aujourd'hui.

Merci à Pascale Le Clech, mon alter ego, qui m'accompagne, me soutient et me conseille depuis toutes ces années, et à l'ensemble des formateurs et formatrices avec qui j'ai tant de plaisir à travailler au quotidien.

Une dernière pensée pour Éric Faure, mon indispensable associé, et pour Élodie et David, pour leur patience et leur confiance.

Bibliographie

Ouvrages

Apprentissage

Pierre-Michel do Marcolino, *Les Fiches outils du formateur*, Eyrolles, 2010.

Dominique Beau, *La Boîte à outils du formateur*, Eyrolles, 2008.

Isolde Feuillette-Cunningham, *Le Nouveau Formateur*, Dunod, 2003.

Jeux et jeux de rôles

Bruno Hourst, Sivasailam Thiagarajan, *Les Jeux-cadres de Thiagi*, Éditions d'Organisation, 2001.

Dominique Gilbert et Yves Rozé, *52 Jeux d'rôles pour donner de la vie à vos séminaires*, Images pour la formation, 1997.

Pédagogie

Deladrière, Le Bihan, Mongin et Rebaud, *Organisez vos idées avec le mind mapping*, Dunod, 2007.

Howard Gardner, *Les Intelligences multiples*, Éditions Retz, 2004.

Marie Granger et Éric Faure, *Votre profil de communicateur*, Eyrolles, 2011.

Sites internet

Découvrir les cartes heurisitiques : www.petillant.com

Mettre en place des suivis de formation en ligne : www.begood-education.com

La pédagogie : www.apprendreaapprendre.com

Composé par STDI

Achevé d'imprimer : EMD S.A.S.
N° d'éditeur : 4546 - N° d'imprimeur : 27239
Dépôt légal : octobre 2012
Imprimé en France

Cet ouvrage est imprimé - pour l'intérieur - sur papier Inaset 110 g des papeteries Portucel dont les usines ont obtenu la certification environnementale ISO 14001 et opèrent conformément aux normes ECF et EMAS